あふれる「しんどい」を うけとめる

こころの ティーカップの 取り扱い方

藤本志乃
公認心理師／臨床心理士

高橋書店

こころのケアで日常の悩みから解放される

　はじめまして、藤本志乃です。私は現在、オンラインカウンセリングルーム「Ｌｅ：ｓｅｌｆ（リセルフ）」を開き、多くの方のこころのケアに携わっています。以前は、学校や病院で約15年間、５０００人前後の方にかかわってきました。

　カウンセリングでは、「頭で考えすぎて疲れる」「人間関係の距離感がつかめず不安になる」「家庭や仕事でいっぱいいっぱいで、自分の人生がわからなくなる」といった悩みをよく聞きます。キャリアと家庭の両立に「どちらも中途半端」と感じたり、子育て後に「自分の時間ができたはずなのに、何をしたいのかわからない」ととまどったりするのも、よくある悩みです。

　Ｌｅ：ｓｅｌｆでは、そのような自然なこころの動きを無理に変えようとせず、上手に受け入れながら、本当に大切な価値観に基づいた行動選択ができるようにサポートしています。

カウンセリングを受けた方から「もっと早くこの方法を知っていれば、暴飲暴食で健康を害さなかった」「こころの扱い方や人生の方向性を間違えずに済んだ」という声を聞くたび、ストレスでこころやからだに負担がかかりすぎる前に、自分自身をケアする大切さを、より多くの方に伝えたいと強く感じます。

こころのケアを日常に

現代は、日常の中で感じるストレスが大きくなりやすい時代です。仕事や家庭、人間関係、からだの変化、年齢とともに増える心配ごとが少しずつ積み重なり、気がついたときにはこころが疲れきってしまうことがあります。また、多くの役割をかかえ、自分自身のケアをあとまわしにしてしまうことも多いと思います。

健康なうちに検査をして病気を予防するのと同じように、こころも、本当にダウンする前に少しずつケアすることが大切です。けれども、日本ではまだカウンセリングが一般的ではなく、ハードルが高いと感じる人も多いでしょう。

この本を執筆した背景には「もっと気軽にこころのケアに取り組んでほしい」という思いがあります。自然に、無理なく、日常に取り入れられる方法をご紹介したいと思っています。

ただし、私が伝えたいのは、「なんとなく気持ちがラクになる」方法ではありません。私は公認心理師・臨床心理士として、科学的に根拠がある心理学の方法を大切にしています。みなさんにこれからお伝えするのは、効果が実際に確認されている方法です。

こころの状態別のエクササイズを

この本では、ストレスのたまり具合を「こころのティーカップに水がたまること」で表現しています。1章では、ストレスのたまり具合をチェックし、3つのレベルに分けていきます。2章～4章では、その結果をもとに、それぞれのストレスレベルに合ったこころのケアやエクササイズを10ずつご紹介しています。5章は、みなさんがかかえる悩みについて、カウンセリングのようにお答えする形式です。

エクササイズは、ゆったりと呼吸をしたり、自分のからだの感覚に集中したり、頭の中に浮かぶ考えや悩みを紙に書き出したりと、だれでも簡単にできるものがほとんどですので、やりやすそうなもの、気になったものから気軽にチャレンジしてみてください。

さらに、より実践しやすくするために、一部のエクササイズでは音声ガイドも用意しています。やさしい音声に耳を傾けることで、リラックスしながら、こころを癒したり、トレーニングしたりしましょう。

ストレスをゼロにしたり、悩みがまったくない世界をつくることは不可能ですが、自分のこころをケアする方法を知っておけば、ストレスや悩みがあっても、穏やかで充実した毎日を手に入れられます。

この本が、あなたのこころを癒す一助となり、日々を明るく軽やかに過ごす力なることを願っています。どうぞ無理せず、ゆっくりと自分をいたわりながら進めてください。

目次

Chapter 3

こころがちょっとお疲れぎみのときの対処法

Chapter 4

「しんどい」があふれないこころの新常識

スタッフ
イラスト／Yuko Kawason
デザイン／蓮尾真沙子（tri）
編集協力／バブーン（株）　大坪美輝
DTP／（株）明昌堂
校正／荒川照美

Chapter 1

あなたの「ティーカップ」を見てみよう

～ストレスを知る～

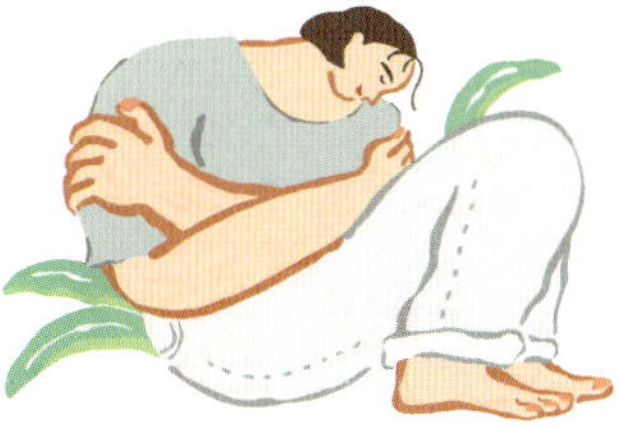

自分の「ティーカップ」をケアすればこころはスッと軽くなる

「最近なんとなく体調が悪くてしんどい」

「気持ちが落ち込んでつらいけど、どうしたらいいのかわからない」

「こころが限界をむかえる前に、しっかりケアしたい」

この本を手にとったあなたは、こころが疲れているなと感じたり、からだの調子が悪くてつらいなと思ったりしているのではないでしょうか。そして、しんどさのもとであるストレスをなんとかしたいと願っていることでしょう。

「ストレス」という言葉は、今ではだれもが知っていますが、実際にそれがどんなものなのか、自分はどれくらいたまっているのか、どうやってケアすればいいのか、はっきりと答えられる人は多くはないと思います。これらを理解する助けとなるのが、「ティーカップ」のイメージです。

ストレスのたまりやすさは人それぞれ

ティーカップを思い浮かべてみてください。このティーカップはあなたのこころにあるものです。中にはストレスがたまっています。この本では、ストレスをためてしまう様子を、「こころのティーカップに水がたまる」という表現で説明しています。

人によってこころのティーカップはさまざまです。繊細で小さなティーカップに冷たい水を注いで、すぐたまってしまう人もいれば、ティーカップが丈夫で大きくて、ちょっとやそっとの変化では影響がないという人もいます。

また、「パートナーとすれ違うことが多い」「仕事でミスをしてしまった」など、日常生活の中で起こるさまざまなできごとがストレスとなり、ティーカップに少しずつ水がたまっていきます。

たまった水が少ないうちは、あまり問題は起こりません。むしろ、「不安はあったけれど、そのぶんしっかり準備したから、プレゼンはうまくいった」というように、適度なストレスがあることでポジティブな結果につながることもあります。けれど、水がどんどんたまっているのに気づかずあふれてしまうと、こころとからだにさまざまな不調が起こります。

自分のティーカップがどれくらいの大きさか、今、水がどれくらいたまっているかを知り、あふれる前にケアしてあげることが大切なのです。

水のたまり具合に合わせたケアを

ティーカップの水＝ストレスのたまり具合は次の3パターンに分けられます。

・水があふれそうなとき：こころが限界に近い状態
・水が半分たまっているとき：こころが少し疲れている状態
・水が少しだけのとき：こころに余裕がある状態

こころのケア方法は、3パターンのうちどの段階にいるかによって変わってきます。まず、16ページからの「こころの状態がわかるチェックシート」で自分のティーカップの状態をチェックし、水があふれそうな人は2章、水が半分の人は

3章、水が少しの人は4章を参考にして、ケアを始めてみましょう。

ストレスには3つの段階がある

さて、ここで「ストレス」そのものについてお話ししておきましょう。

私たちが日々、生活の中で感じているストレスは、大きく3段階に分けることができます。

まず1つめが「ストレスの原因」。「仲のいい友だちからメールの返信がこない」「仕事が思うように終わらない」「年齢とともに見た目が変わってきた」など、ストレスのもとになるできごとです。

ストレスの原因に対処できないでいると、こころやからだにいろいろな反応が出てきます。これを「ストレス反応」といいます。肩こりや頭痛のようなからだの不調、不安やイライラなどの気持ちの揺れ、脳の疲れによる集中力や思考力の低下、食欲がなくなったり眠れなくなったりといったものがそれにあたります。このような反応が出たときに我慢してしまうと、ストレスがたまりすぎて、こころやからだの病気につながることさえあります。

先ほど、同じできごとに対しても、ストレスと感じるかどうかやその程度は、

人によってちがうとお話ししました。この差を生むのが、ストレスの原因とストレス反応のあいだにある、「ストレスの受け取り方・対処の仕方」です。

受け取り方・対処の仕方がカギ

私たちはストレスの原因に出会ったとき、それが自分にとってどれくらい大きな問題かを判断しています。これが「受け取り方」です。「大変なことだ！」と受け取るほど、ストレスは強くなります。

そして、その大変なことにどう対応するかが「対処の仕方」です。これまでの経験をもとにしてどう対処するかを考えるのですが、うまく対応できなかったり、どうしたらいいのかわからなかったりすると、ストレス反応へとつながります。

つまり、同じストレスの原因に出会ったとしても、どう受け取り、どう対処するかによって、ティーカップに水がたまるかどうかが決まるのです。もし、ストレスを「大変なことだ！」と感じやすく、うまく対処できない状況が続くと、水がどんどんたまっていくことになります。

ストレスの原因の中には、自分ではどうすることもできないもの、完全に避けるのが難しいものもたくさんありますよね。ストレスの原因を取り除くことはできなくても、受け取り方や対処の仕方を工夫することで、しんどさをやわらげてこころをラクにすることができるのです。

ストレスを解消し、こころのつらさをやわらげる方法はひとつではありません。ティーカップのたまり具合でも3パターン、そして、各パターン10の方法を紹介しています。その中から、自分に合った方法、取り入れやすい方法をいくつか見つけておくことが、ストレスとうまく付き合っていくための秘訣です。

ティーカップの水を少しずつ減らしたり、ティーカップの容量を増やしたりして、こころの負担を軽くする方法をいっしょに見つけていきましょう。まずはさっそく、あなたのティーカップの状態をチェックしてみてください。

＼最近がんばりすぎてない？／

こころの状態がわかるチェックシート

まずは、あなたのこころにどれくらいストレスがたまっているのか、つまり「こころのティーカップ」にどれくらい水がたまっているのかを確認しましょう。このチェックを通して、あなたにぴったりのセルフケアを紹介します。こころのケアへのはじめの一歩です。

最近1か月のあなたの状態について聞きます。最も当てはまるものを選び、記入表に数字を書いてください。最後にQ1～Q29の答えの合計数を記入してください。ただし、Q1～Q3は選んだ数字を5から引いた数を記入してください。

Q1	Q2	Q3	Q4	Q5	Q6	Q7	Q8	Q9	Q10
Q11	Q12	Q13	Q14	Q15	Q16	Q17	Q18	Q19	Q20
Q21	Q22	Q23	Q24	Q25	Q26	Q27	Q28	Q29	合計

		ほとんどなかった	ときどきあった	しばしばあった	ほとんどいつもあった
Q1	活気がわいてくる	1	2	3	4
Q2	元気がいっぱいだ	1	2	3	4
Q3	生き生きする	1	2	3	4
Q4	怒りを感じる	1	2	3	4
Q5	内心腹立たしい	1	2	3	4
Q6	イライラしている	1	2	3	4

		ほとんどなかった	ときどきあった	しばしばあった	ほとんどいつもあった
Q7	ひどく疲れた	1	2	3	4
Q8	へとへとだ	1	2	3	4
Q9	だるい	1	2	3	4
Q10	気がはりつめている	1	2	3	4
Q11	不安だ	1	2	3	4
Q12	落着かない	1	2	3	4
Q13	ゆううつだ	1	2	3	4
Q14	何をするのも面倒だ	1	2	3	4
Q15	物事に集中できない	1	2	3	4
Q16	気分が晴れない	1	2	3	4
Q17	仕事が手につかない	1	2	3	4
Q18	悲しいと感じる	1	2	3	4
Q19	めまいがする	1	2	3	4
Q20	体のふしぶしが痛む	1	2	3	4
Q21	頭が重かったり頭痛がする	1	2	3	4
Q22	首筋や肩がこる	1	2	3	4
Q23	腰が痛い	1	2	3	4
Q24	目が疲れる	1	2	3	4
Q25	動悸《どうき》や息切れがする	1	2	3	4
Q26	胃腸の具合が悪い	1	2	3	4
Q27	食欲がない	1	2	3	4
Q28	便秘や下痢をする	1	2	3	4
Q29	よく眠れない	1	2	3	4

※チェックシートはp159に記載の文献を参考に作成しております

あなたのこころの状態は……

合計
62点以下

↓

ティーカップの水は
少しだけ

こころに少しゆとりがある状態かもしれませんね。余裕のある今だからこそ、こころをさらに強く、しなやかにしておくためのセルフケアをためしてみませんか。未来の自分を守る準備ができるかもしれません。

↓

Chapter 4
「しんどい」が
あふれない
こころの新常識

合計
63点以上76点以下

↓

ティーカップに水が
半分たまっている

疲れが少したまっているかもしれませんね。まだエネルギーが残っている今のうちにケアすることが大切です。これ以上こころに負担がかかる前に、セルフケアを取り入れて、ストレスを減らしていきましょう。

↓

Chapter 3
こころがちょっと
お疲れぎみのときの
対処法

合計
77点以上

↓

ティーカップから水が
あふれそう

あなたのこころは、とてもがんばっている状態かもしれませんね。がんばりすぎて無理をしていませんか。できそうな簡単なセルフケアから取り入れて、少しずつ自分をいたわってあげましょう。

↓

Chapter 2
こころが
いっぱいいっぱいの
ときの対処法

Chapter

2

こころがいっぱいいっぱいのときの対処法

やさしいセルフケアで疲れきったこころから復活する

こころの状態チェックシートで「ティーカップから水があふれそうな状態」だとわかったあなた。もしかすると、肩こりや頭痛、イライラ、集中力の低下、食欲がない、眠れないといったからだの不調があらわれているかもしれません。こころやからだのＳＯＳサインに気づき、不安や心配になっているでしょうか。でも大丈夫。どうか安心してください。

こころやからだが疲れていることに気づいたからこそ、あなたはこうして、この本を手にとってくださったのだと思います。その気づきこそが、こころのケアを始める大切な第一歩です。

まずは自分をねぎらって

まずは、ここまでがんばってきた自分に「お疲れさま」とねぎらいの言葉をか

けてあげましょう。「ティーカップから水があふれそう」ということは、これまでたくさんのことに向き合い、精いっぱいがんばってきた証しでもあります。

日々の生活は、避けられないストレスであふれていますよね。気温や天候の変化、年齢とともに起こるからだの変化、家族との関係、仕事でのミスなど、大きなストレスはなくても、小さなストレスの積み重ねが、あなたのこころに少しずつ負担をかけてきたのかもしれません。

どんなに強いこころをもった人でも、ストレスにさらされ続けると、体調不良が悪化したり、感情のコントロールが難しくなったり、ときにはストレスに押しつぶされそうになることがあります。こころへの負担が続くと、食欲や睡眠など、生きるための基本的なはたらきに影響が出てくることもあります。どんな人でも、こころのティーカップがいっぱいになってしまうことはあるのです。

だからこそ、ストレスにさらされている自分に気づいたら「がんばりすぎなくていいんだよ」とやさしく声をかけてあげることが必要です。自分をいたわる時間をもつことで、ティーカップからあふれそうになっている水が少し減り、疲れきったこころを回復させることができます。

自分に合ったエクササイズを選ぼう

この章では、こころがいっぱいいっぱいになっているときでもできる簡単なエクササイズを紹介しています。できるものを、少しずつでかまいません。今の自分に合ったエクササイズを選んで、少しでもこころの負担を軽くできるようにためしてみてください。

そして、エクササイズができなかったからといって、自分を責める必要はありません。自分のペースでできることを進めながら、今のあなたに合った方法を見つけることを願っています。

疲れていてもできる
こころとからだを整える10のセルフケア

何もやる気が起こらないとき

Exercise 1　自然の音を聴いてみる

Exercise 2　地面に立っている感覚を味わってみる

Exercise 3　からだに手を当ててみる

Exercise 9　メッセージを読んでみる

こころの疲れを癒したいとき

Exercise 4　ホッとする場所を思い浮かべてみる

Exercise 5　助けてくれそうな人やものをイメージしてみる

Exercise 6　心地よい頼り方を知ってみる

ストレスによる症状があるとき

Exercise 7　からだとこころがほぐれる呼吸法

Exercise 8　からだの力を入れて抜いてみる

気分をリフレッシュしたいとき

Exercise 10　少しだけ動いてみる

Exercise 1

自然の音を聴いてみる

1

お疲れのあなた、これまでがんばってきたあなたに、何も考えずまず取り組んでみてほしいのは「自然の音を聴く」ことです。

こころやからだのケアが必要だと感じているけれど、疲れすぎて何もする気が起こらない。湯船につかることさえめんどう。少し休もうと思っても、いろいろな考えが頭に浮かんで、こころが落ち着かない……。

そんなときは無理は禁物。できることを少しずつ取り入れていくことが大切です。自然の音を聴くエクササイズは、ただ音を聴くだけでよいので、無理せず行うことができます。

リラックス効果で緊張をゆるめる

川のせせらぎや海の波の音、森林での鳥のさえずりや虫の声など、自然の音を聴いてこころが落ち着いた経験はないでしょうか。自然の音のヒーリングパワー

は、ストレスを軽減するホルモンを分泌させたり、こころやからだの緊張をゆるめてリラックスさせたりする効果があるとわかっています。

集中して聴かなくても、ぼーっとしながら、なんとなく耳を傾けるだけで、効果は充分に得られます。

自然の音の効果は、その種類によっても異なるといわれています。ここでご紹介している音だけでなく、自分にしっくりくる自然の音を探してみたり、実際に自然の中へ足を運んでその場で音を聴くのもおすすめです。

自然とのふれ合いが、さらにこころとからだを癒やしてくれるでしょう。

memo　水の流れる音は、ポジティブな感情を高める効果があるといわれている

Exercise 2

地面に立っている感覚を味わってみる

2

ストレスや不安に押しつぶされそうで、集中できない。夜眠れない。そんなときは「グラウンディング」のエクササイズをためしてみましょう。

両足を少し開いてしっかりと床につけ、足の裏が床にふれる感覚に集中します。やり方はとてもシンプルですが、こころとからだを「今この瞬間」に引き戻し、こころの安定を取り戻すことができます。

グラウンディングには、ストレスがたまったときに体内で分泌されるホルモンを減少させ、こころを落ち着ける効果があるといわれています。これにより、ストレスや不安が軽減し、気持ちがリセットされるのです。また、心身がリラックスすることで眠りが深くなり、睡眠の質の向上も期待できます。

たった数分でも、こころとからだを少しずつケアしていけば、必ずラクになる瞬間が訪れるはず。もう何もできないと感じるときこそ、この方法をためしてみてください。

memo　Grounding（グラウンディング）とは「地面に足をつける」を意味する英語

1 足の裏に意識を向ける

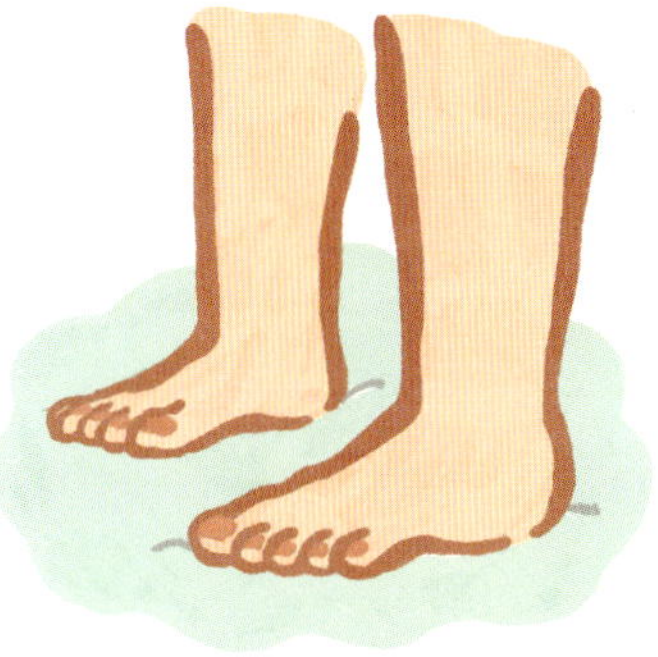

座っても立ってもかまいません。足の裏が地面にしっかりとついている感覚を味わい、足の裏全体に注意を向けます

2 深呼吸をする

ゆっくりと深く息を吸い込み、吐き出します。呼吸に集中することで、からだとこころが落ち着きます

3 周囲の感覚に注意を向ける

まわりの音や空気の温度など「今この瞬間」に感じられる周囲の感覚に注意を向けます

4 からだ全体を感じる

からだ全体に意識を広げ、どんな感覚があるかを確認します。大地とつながっている感覚を味わいます

Exercise 3

からだに手を当ててみる

からだに手を当てて、その感覚に意識を向けるエクササイズです。

仕事、家庭、からだの変化など、さまざまなストレスや不安を感じているときに、自分にやさしくふれると安心感を得られます。ストレスを引き起こすホルモンが減少し、反対にリラックスさせるホルモンが増えるからです。そのため、このエクササイズをすることで、自分自身をやさしくケアし、こころを落ち着けることができます。

手の当て方に決まりはありません。自分のからだのいろいろな部位にふれてみましょう。それぞれの場所を15秒ほどそっと触り、手を当てたときの感覚をやさしく味わいましょう。

このエクササイズを、自分をいたわる時間として日々取り入れることで、こころが軽くなるのを感じられるかもしれません。ほんの数分でもいいです。自分を大切にする習慣が、あなたのこころの安定につながっていきますよ。

memo どんな状況でも自分を優しく受け入れることをセルフコンパッションと呼ぶ

「からだに手を当てる」やり方の例

両手でほほを包む・なでる
片手または両手を胸に当てる
両腕をなでる
腕をクロスさせて自分を抱きしめる
片方の手でもう一方の手を握る
片方の握りこぶしを胸に当てて、もう一方の手をその上に重ねる
片方の手をみぞおちに当てる

Exercise 4

ホッとする場所を思い浮かべてみる

あなたにとって、こころが安らぎ、ホッとできる場所はどこでしょうか。

想像力にはパワーがあり、実際にその場所に行かなくても、想像するだけでこころを落ち着けることができます。頭の中に思い浮かべることで、不安な気持ちがやわらいだり、ポジティブな感情が増えたりすることがわかっています。

たとえ自然の中にいても、こころが落ち着かなければ、そこは安心できる場所とはいえません。安心できる場所は人それぞれです。自分にとって本当にリラックスできる場所やものを探してみましょう。

ホッとできる場所がよくわからないという人は、「身近にあるお気に入りの場所（家の近くのカフェや部屋の隅）」や「無意識に足が向かう場所（本屋さんや公園のベンチなど）」を思い浮かべてみましょう。そして、そこにいるときにどんな気持ちになるかを想像してみてください。その感覚を大切にしながら、あなたが安心できる場所を見つけていきましょう。

memo　脳は「現実」と「想像」の区別があまり得意ではない

Q1 「見るとこころが落ち着くもの」「触るとホッとするもの」をいくつか書いてみましょう

絵を描いてもいいですよ

Q2 自分が無意識に訪れる場所や、部屋などで落ち着くと感じる場所があれば、それもいくつかあげてみましょう

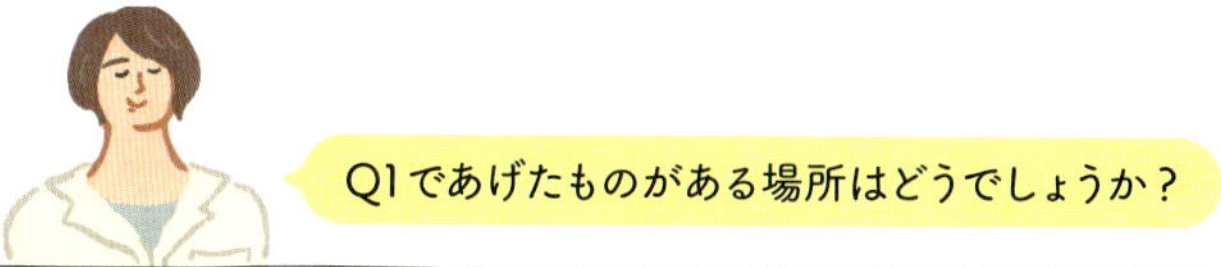
Q1であげたものがある場所はどうでしょうか？

Exercise 5

助けてくれそうな人やものをイメージしてみる

実際には会えなくても、好きな芸能人を思い浮かべるだけで、こころにエネルギーが湧いてくることはありませんか。

私たちは、だれかを思い浮かべることで安心したり、助けてくれる存在を想像するだけで気分が軽くなったりします。実際に助けを求めなくても、だれかが支えてくれるというイメージをもつだけで、ストレスがやわらぐことがわかっています。人間の想像力や記憶力って本当にすばらしいですね。

ペットやぬいぐるみでもいい

想像する相手は、頼りになる相手でなくてもいいのです。たとえば、年下の友人や子どもなど、相談や依頼が難しい相手であっても、そばにいてくれるだけで安心できて、こころの支えになることもあります。

また、家族や友人のような身近な人だけでなく、テレビでしか見たことのない

芸能人、小説の作家、こころに響く声で歌うアーティストなどもその対象です。すでにこの世を去った歴史上の人物や、お世話になった人でもよいでしょう。人間だけでなく、ペットやぬいぐるみもこころの支えになります。

まずは、そのような人やものを具体的にイメージしてみましょう。そして、可能であれば、どのように助けてくれそうなのかも想像してみてください。

実際にだれかに頼るのは難しいかもしれません。でも、助けてくれそうな存在をこころの中で思い描くことなら、できそうだと思いませんか。

memo　このエクササイズはストレス理論の中で「サポート認知」と呼ばれる方法

Q1 「助けてくれそうな人やもの」で思い浮かぶものをまずはどんどん書いていきましょう

Q2 過去に助けてもらった人や助けになったものを思い浮かべて書いてみましょう

Q3 「困っていたら助けてあげたい」と思う相手を書いてみましょう

Exercise 6

心地よい頼り方を知ってみる

「人に頼ることも必要だ」とわかってはいても、いざだれかに頼ろうとすると、ハードルを感じて、あきらめてしまうことはありませんか。

頼ることで他人に迷惑をかけている気がしたり、頼らずに自分でやったほうが早いと思ったり、抵抗を感じてしまうことも多いのかもしれません。

頼り上手になるとストレスが減る

ですが、「サポートを求めること」が上手な人ほど、ストレスが少ないことが研究で明らかになっています。それだけでなく、頼られた人も自己肯定感が高まり、心身の健康にもよい影響があることもわかっています。つまり、頼ることは相手にとってもプラスになるのです。そう考えると、思いきってだれかに頼ってみようと思えるのではないでしょうか。

頼むときは自分を主語に

そうはいってても、どのように頼ればいいのか迷ってしまいますよね。気持ちのハードルを下げるためにも、感じのいい頼り方のフォーマットを準備して、いざというときに自然に実践できるようにしておくのがおすすめです。

心理学では、自分も相手も心地よく感じる伝え方を「アサーティブ」な伝え方といいます。そのうち簡単な方法のひとつが「Ｉｍｅｓｓａｇｅ（アイ・メッセージ）」。主語を自分（Ｉ＝私）にして伝える方法です。

たとえば、「ちょっとお皿を洗ってくれない？」を「（私は）お皿を洗ってくれると助かるな」に変えるだけで、強制ではなくやさしいお願いになります。「時間がないからお店を予約しておいて」も「（私は）時間がなくて、お店を予約してもらえるとありがたいな」と言い換えると、印象がやわらぎます。

このほかにも、伝え方を4つのステップに分ける「ＤＥＳＣ法」もあります。頼み方のイメージトレーニングができるフォーマットを次のページに用意したので、書き込んで使ってみてくださいね。

memo　Assertive（アサーティブ）とは「相手を尊重して自己主張する」を意味する英語

心地よい頼り方「DESC法」

D
Describe
描写する

相手の行動や状況など、客観的な事実だけを伝えます。
気持ちや推測は入れません。

例：「今度の町内会の集まりの準備が始まっているんだけど、人数が足りなくて少し手がまわらなくなってきているの」

E
Explain
表現する

自分の考えや感情を「アイ・メッセージ」で伝えます。
冷静に、「私はこう感じる」と表現します。

例：「私は、少しでも手伝ってもらえるとすごく助かるし、準備もラクになるかなと思っているの」

S
Specify
提案する

相手ができそうな具体的な行動を提案します。
無理のない、小さなお願いをするとよいです。

例：「もしよければ、当日の飲み物やお菓子の準備を手伝ってもらえるとうれしいんだけど、どうかな？」

C
Choose
選択する

相手の反応に応じて、別の提案をします。
代案を複数準備しておくと安心です。

例：「もしそれが難しいなら、ほかにもできそうなことをいっしょに考えてもらえたら助かるわ」

Exercise 7

3

からだとこころがほぐれる呼吸法

なんとなく不安な気分におそわれたり、からだが緊張してこわばったときにすぐに実践できるのが、簡単な呼吸のエクササイズです。

ストレスがたまると、からだは緊張状態になります。呼吸が浅くなり、心拍数が上がるのです。すると、ますます不安が強まるという悪循環におちいります。この悪循環を断ち切るには、「深く息を吸って、ゆっくり吐く」というゆったりとした呼吸がとても効果的です。

たかが深呼吸と思うかもしれませんが、深呼吸をすることで、副交感神経が優位になり、心拍数が下がって、リラックス状態に入ることができます。深呼吸には、からだの緊張をほぐし、こころを落ち着かせる効果があるのです。また、いつでもどこでもできるというのもポイントです。

家事や仕事に追われて疲れているとき、悩みごとで頭がいっぱいのとき、不安や心配でベッドに入ってもなかなか寝つけないときは、ためしてみてください。

memo 寝る前に行う場合は、仰向けになって、手と足をからだから離して横になる

1 実施前の注意

飲酒後や空腹時は避け、低血圧の方は注意しましょう。不快なイメージや記憶があらわれる場合は中断してください

2 落ち着く場所で行う

基本的にどこでもできるのがこの呼吸法ですが、最初のうちは気持ちが落ち着く場所で行うほうが集中できます

3 ゆったりとした服装で

ネクタイやベルトなどはゆるめ、腕時計やアクセサリーははずしましょう。また、できれば窮屈な服装は避けましょう

4 椅子に深く腰かけて座る

深く腰かけ、背中を背もたれにつけます。両足は肩幅くらいに開いて、足の裏全体が床にしっかりとつくようにしましょう

Exercise 8

4

からだの力を入れて抜いてみる

ストレスがたまると、肩こりや頭痛などの不調があらわれることがあります。無意識のうちに筋肉が緊張してしまうことが原因です。そんなときには「からだの力を入れて抜いてみる」というエクササイズをしてみましょう。

じつは、意識的に筋肉に力を入れてから一気に緩めると、ふつうに緩めるよりも筋肉の緊張は早くほどけて、不安や緊張で力んだからだが緩まり、リラックス効果を感じられます。

力を入れる際は、60~70%にすると筋肉が緩みやすくなります。10秒程力を入れたあと、一気に抜き、15~20秒からだが緩む感覚を味わいましょう。「リラックスしよう」と意識しすぎると逆に力が入ることがあるので、力を抜いたときの自然な感覚に意識を向けてください。最初はうまくいかないかもしれませんが、無理せず、少しずつ続けてみてください。

memo　このエクササイズをすると入眠しやすいといわれている

1 深呼吸をする

ラクな姿勢で床や椅子に座るか、横になり、ゆっくりと深呼吸をしてからだをリラックスさせましょう

2 こぶしに力を入れて抜く

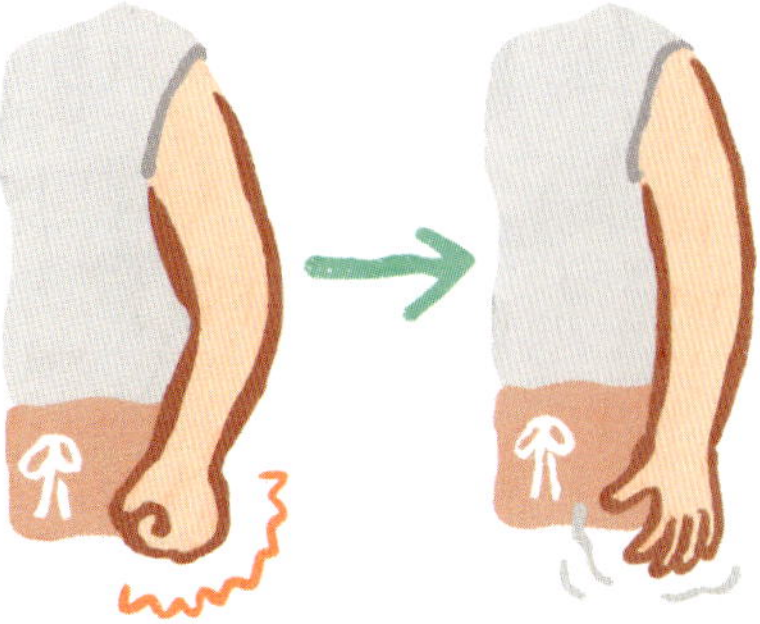

10秒間、両手を握って力を入れます。ゆっくりと力を抜き、リラックスした状態を感じながら20秒間そのままにします

3 からだの各部位の筋肉に力を入れて抜く

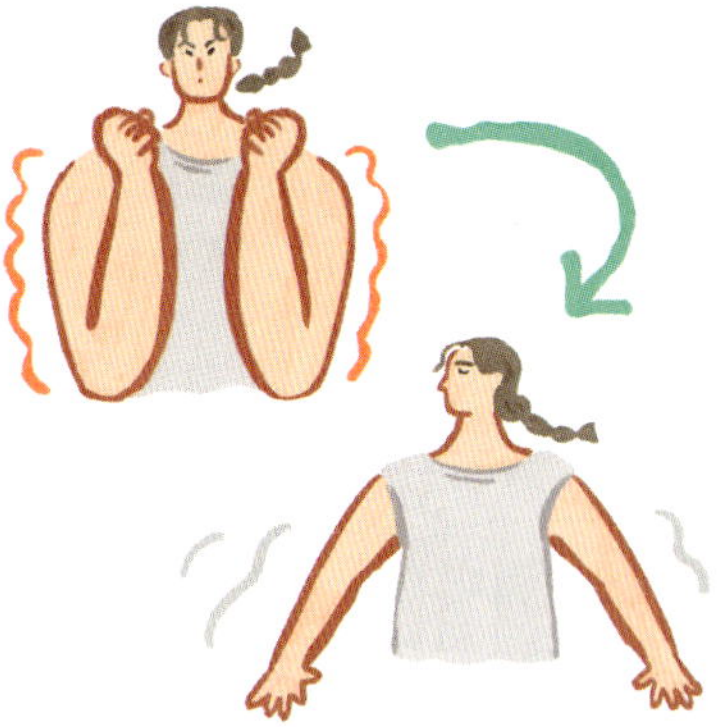

上腕、背中、肩、首、顔、腹部、脚の順に「力を入れる→抜く」をくり返します。最後に全身に力を入れて抜きます

4 解除動作を行う

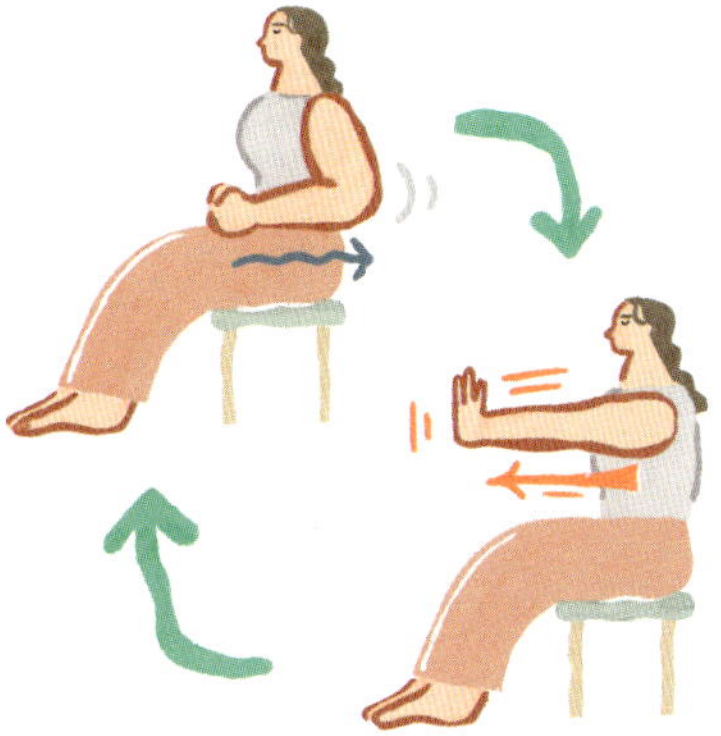

両手を握り、肩甲骨を寄せるように後ろに引き、両手を開いて力強く前に出す「解除動作」を2〜3回行います

心理学Column

リラックスはなぜこころに効くの？

お風呂にゆっくりつかったり、ストレッチをしたり、深呼吸をするると、こころが少しラクになった経験はありませんか。

「からだをリラックスさせると、こころの状態にもよい影響がある」ということは、多くの方が実感しているのではないでしょうか。実際、からだがリラックスすると副交感神経が優位になり、ストレスホルモンの分泌が減少するといわれています。つまり、こころが疲れていると、からだにも不調が出ますが、からだを緩めることでこころも穏やかになるということです。

たとえば、緊張した場面では「落ち着こう」と意識しても、逆に緊張が増してしまうことがあります。一方で、からだを緩めるためにストレッチやリラクセーションを行うと、こころの不安や緊張も自然とほぐれます。からだがリラックスしているときには、こころが不安定になることはないとされています。

このメカニズムを活用しているのが、からだの筋肉を緩めることで、こころを落ち着けるリラクセーション法です。

今回紹介したエクササイズ7「からだとこころがほぐれる呼吸法」、エクササイズ8「からだの力を入れて抜いてみる」、3章でご紹介するエクササイズ11「リラックスした姿勢で唱えてみる」は、このリラクセーション法に基づいています。実践することでからだの緊張がほぐれ、こころの負担も軽くなるはずです。全身がリラックスして血圧が下がり、ストレスホルモンの分泌も抑えられ、こころの緊張も緩みます。

また、これらのエクササイズをくり返し行うと、脳にもポジティブな影響があります。リラクセーション法を続けることで、不安や恐怖を感じる脳の部位が、「この不安は危険ではない」と学び、不安やストレスに対する反応がだんだん軽くなるのです。

一度行っただけでは効果はわかりにくいかもしれませんが、少しずつ、無理なく続けることで、心身の状態が改善していくことを実感できるはずです。自分のペースで取り組み、からだを緩めることから始めてみてくださいね。

Exercise 9

メッセージを読んでみる

これは、何もする気力がない方への「読むだけエクササイズ」です。ここまでエクササイズをがんばってきた方も、ぜひ読んでみてくださいね。

日々の忙しさの中で、知らず知らずのうちにこころの疲れを感じていること、ありますよね。いくつになっても、仕事や家族のこと、将来の不安など、さまざまなプレッシャーが積み重なり、ストレスがたまることはあります。そしてやる気がなくなったり、気分が沈むことがあるかもしれません。

実は、こうした症状は単なる「こころの疲れ」だけではなく、脳で炎症が起こっている可能性もあります。ストレスがたまりすぎると、脳に炎症が起こり、それがうつのような気分の低下や不安、無気力の原因になることがわかっています。つまり、気分の変化は、あなたが弱いからではなく、からだが「助けて」とサインを出しているのです。でも、心配しすぎないでください。まずは、今の自分をそのまま受け入れて、少しずつリラックスする時間をつくってみましょう。

リラックスは脳の炎症をやわらげ、こころとからだのバランスを取り戻すのに役立ちます。ホットティーを飲んだり、外に出て少し散歩をしたり、好きな音楽を聴くなど、ほんの小さな行動でも大丈夫です。もしリラックスすることが難しいと感じるなら、これまで紹介した方法の中から、できそうなものをひとつでもいいのでためしてみましょう。

こうした小さな行動を積み重ねることで、こころ、すなわち脳をケアし、気分の改善が期待できます。あなたのペースで、少しずつ自分をケアしていけば大丈夫です。こころとからだはつながっています。だからこそ、自分にやさしく、そして小さなステップでも前進していることを忘れないでくださいね。

Exercise 10

少しだけ動いてみる

気分が落ち込んでいたけれど、友人に誘われて出かけたら、いつの間にか元気になっていた。そんな経験はないでしょうか。気分がのらないと行動できないと思いがちですが、行動することで気分が変わることもよくあります。

心理学でも、気分と行動はお互いに密接に関係しているといわれています。この仕組みを活用して、行動を変えることで気分を改善する方法を「行動活性化」といいます。気分がよくなってから行動するのではなく、まず行動してみて、気分が変わるかどうかをためしてみるという考え方です。

元気が出ないときやつらいときこそ、少しだけでも動いてみましょう。「カーテンを開けて外の景色を見る」「近くのスーパーに買い物に行ってみる」など、ちょっとした行動でもいいのです。小さな一歩が、気分を変える大きなきっかけになるかもしれません。何もしたくない日こそ、小さな一歩があなたを元気づけてくれるはずです。

memo リストを書くときは「ワクワク」「スッキリ」「充実感」など意識する

1 元気になる行動を書き出す

自分を少しでも元気にする行動があれば、いくつか書き出してみましょう。あまり考え過ぎずに書くのがポイントです

2 1週間の予定を書き込む

「元気になる行動リスト」を書いたら、その中から今できそうな活動を5つ選び、1週間の予定に組み込みましょう

3 達成感を自己評価する

実際に行動したら、達成感を0（達成感なし）〜10（かなり達成感あり）で評価して次回の参考にしましょう

4 ほかの行動を知る

- 窓を開ける
- 屈伸をする
- 散歩する
- 好きな音楽を聴く
- 友人にメールする
- テレビを観る
- コーヒーを淹れる
- 好きな食べ物を食べる

自分で見つからない場合は、上記からできそうな行動を選んでみてください。枠にとらわれずに自由に考えてみましょう

先生 Column

エクササイズをやったけれどストレスが減っている気がしない…

エクササイズをがんばっているのに、つらさが変わらないと、不安になりますよね。

目に見える変化がすぐにあらわれることはまれで、効果はじわじわと出てきます。まずは「結果」にとらわれすぎず、続けている自分を大事にしてください。こころのケアは短距離走ではなく、長い時間をかけるマラソンのようなものです。大切なのは、エクササイズを続けている過程に目を向けること。続けるというその行為自体が、こころによい変化をもたらすための大切な一歩です。

また、効果が見えづらいと感じるときは、ほかの方法に目を向けてみてもよいかもしれません。あなたのやり方が悪いのではなく、自分に合った方法やペースを見つけることが大切です。こころのケアは人それぞれ違うので、無理にひとつのやり方に固執する必要はありません。

そしてなにより、少し立ち止まって今の自分をねぎらってください。がんばり続けている自分に、「今のままでも大丈夫」と声をかけてあげることも、こころのケアのひとつです。変化を急がず、自分にやさしくしてあげてくださいね。

Chapter 3

こころがちょっと お疲れぎみのときの 対処法

ストレスへの向き合い方を知って こころのモヤモヤを減らす

こころの状態チェックシートで、「少しストレスがたまってきているな」と感じたあなた。こころのティーカップがいっぱいになる前に、自分自身の状態に目を向けることができて本当によかったと思います。

もしかすると、「もう水が半分もたまっている……」と驚いたり、悲しい気持ちになったりしているかもしれませんが、後ろ向きにならなくても大丈夫。これ以上たまってしまう前に、少しずつカップの水を減らしていけばいいのです。気づいたからこそできることがたくさんあります。こころのエネルギーがまだ残っ

ているうちに、自分をケアすることが大切です。

サインを見逃さないで

ケアを始める前に、まずはあらためて自分自身に目を向けてみましょう。

肩が重い、頭がぼんやりする、なんだか気分が落ち込む。思いあたる不調はないでしょうか。こうした不調は、「そろそろ休んでね」「無理をしないでね」と教えてくれるこころのサインかもしれません。

今ははまだ、水が半分しかたまっていない状態ですから、このタイミングで水を減らしていけば、こころが軽くなるのも早いかもしれません。反対に、サインを無視してこのまま放っておくと、やがてティーカップがいっぱいになり、こころのエネルギーが枯れてしまいます。

ストレスへの向き合い方を探ろう

この章では、こころが少し疲れてしまったときにぴったりなエクササイズを紹介していきます。ストレスへの向き合い方を探り、こころのモヤモヤを減らしていきましょう。

エクササイズはどれも無理なく、自分のペースで進めていけるものです。「全部こなさなければ」と気負わなくていいのです。できそうなものから少しずつためして、ちょっとでもこころが軽くできるよう、自分をいたわる時間をつくってあげてくださいね。もし難しいと感じたら、2章で紹介したエクササイズからためしてみましょう。

エクササイズを通してあなたのこころが少しでも穏やかになり、日々を軽やかに過ごせるようになれば、とてもうれしく思います。

お疲れぎみのこころから ストレスがみるみる減る10のセルフケア

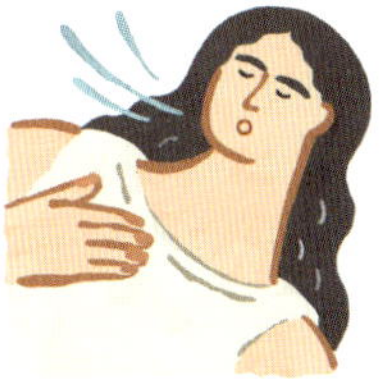

今感じているストレスをやわらげたいとき

Exercise 11 リラックスした姿勢で唱えてみる

→もし難しいと感じたら２章で紹介した

Exercise 7 からだとこころがほぐれる呼吸法

Exercise 8 からだの力を入れて抜いてみる から始めてみましょう

気分をポジティブにしたいとき

Exercise 12 ３つのよいことを書いてみる

ストレスを軽くする方法を整理したいとき

Exercise 13 何をストレスと感じているのか書き出してみる

Exercise 14 ストレスを取り除く方法を考えてみる

Exercise 15 ストレスがちょっぴりやわらぐ考え方を見つけてみる

Exercise 17 「おまもりリスト」をつくってみる

ストレスを減らしたいとき

Exercise 16 大切な人に声をかけるように自分に声をかけてみる

Exercise 18 思っていることを紙に書き出してみる

こころの余裕を広げたいとき

Exercise 19 すき間時間にミニ瞑想をしてみる

Exercise 20 からだの声に耳をすませてみる

Exercise 11

リラックスした姿勢で唱えてみる

このエクササイズでは、7種類の言葉を順番に唱えながら、からだの特定の部位に意識を向け、リラックスさせていきます。

ストレスがたまると、からだが緊張し、自律神経が乱れてしまいますが、ゆったりとからだの感覚に目を向けることで緊張がほぐれ、からだとこころを落ち着かせることができます。

自己暗示でリラックス

これは自己暗示を使ったリラックス法で、心理学では「自律訓練法」と呼ばれています。自己暗示をかけることで、自律神経の調節をしている脳の一部に影響を与えます。それによって一時的に、リラックスしているときに優位になる副交感神経のはたらきを高め、からだを休息モードにしていくのです。

定期的に行うことで自分を受け入れたり、自己肯定感を高めたり、疲労感を軽

減する効果があります。肩こりや頭痛、なんとなく不安が続くといった悩みがあるときは、このエクササイズを取り入れて、心身をリラックスさせましょう。気持ちが落ち着く場所で、ゆったりとした服装でエクササイズに取り組むことがポイントです。日々の生活で疲れやストレスを感じている人に、とくにおすすめなエクササイズです。

実施前の注意

心筋梗塞、糖尿病、低血糖症、または迫害妄想や誇大妄想の症状がある精神疾患をおもちの方は、このエクササイズは禁忌とされています。これらに該当する場合、1人で行うと症状を悪化させるおそれがありますので、今回は実施を見送りましょう。

また、お酒を飲んだあとや空腹状態で行うのも避けましょう。

低血圧の方は、血圧がさらに低下する可能性があるため、注意が必要です。

memo　このエクササイズを続けると心拍や体温までコントロールできる場合がある

準備動作

ゆったりとした姿勢で深呼吸をします。目は閉じてもよいですし、薄目でもかまいません。「気持ちが落ち着いている」とこころの中でくり返し唱えましょう

ステップ1 腕、脚の順に重さを感じる

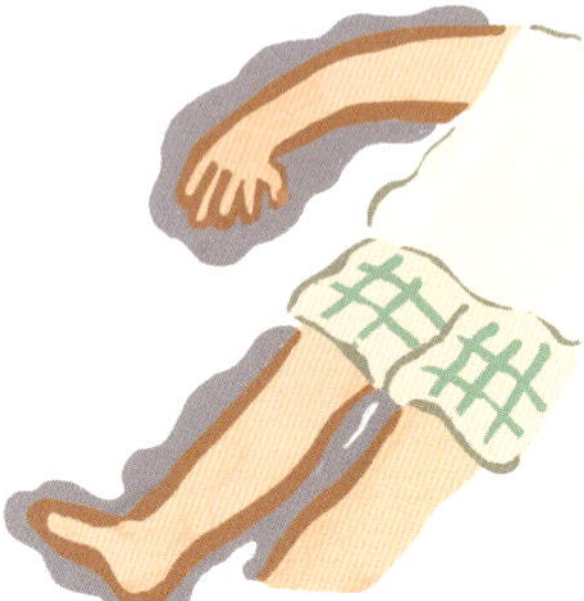

右腕に意識を向け、「腕が重たい」とこころの中でゆっくりくり返します。筋肉が、だらんとして重い感覚をつかめたら、左腕→両脚の順に同じようにくり返します

ステップ2 腕、脚の順に温かさを感じる

右腕に意識を向け、「腕が温かい」とこころの中でゆっくりくり返し唱えます。温かい感覚をつかめたら、左腕→両脚の順に同じようにくり返し唱えます

ステップ3 心臓の動きを感じる

心臓の動きに意識を向けます。心臓が全身に血液を送り出すイメージし、「心臓が規則正しく、静かに動いている」とこころの中でゆっくりくり返し唱えます

ステップ
4 自然でラクな呼吸

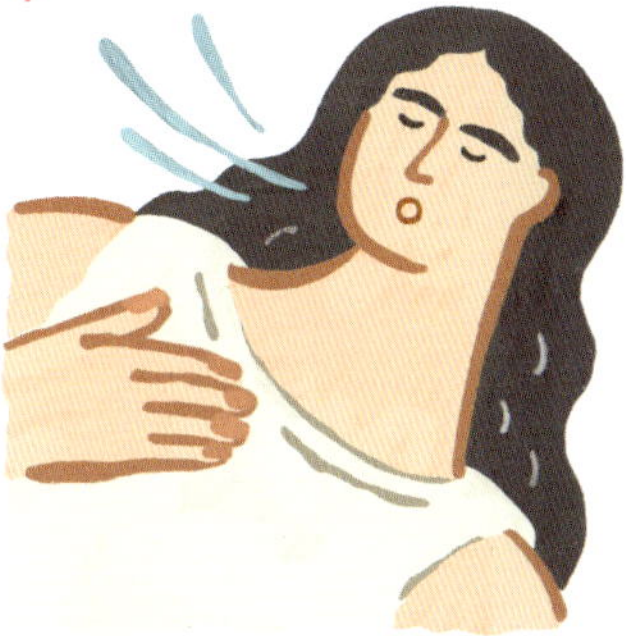

呼吸に意識を向け、「自然にラクに呼吸をしている」とこころの中でゆっくりくり返し唱えます。息を吸って、胸ではなく、おなかがふくらむ「腹式呼吸」をしましょう

ステップ
5 おなかが温かい

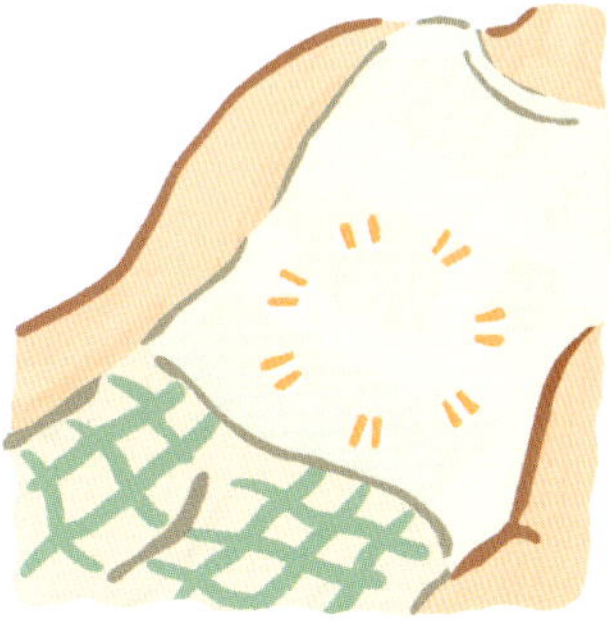

ラクな呼吸を続けながら、おなかや胃の辺りに意識を向けます。おなかがポカポカしてくるのを感じ、「おなかが温かい」とこころの中でゆっくりくり返し唱えます

ステップ
6 額が心地よく涼しい

最後のステップです。額に意識を向けてみます。額の感覚を感じましょう。「額が心地よく涼しい」とこころの中でゆっくりくり返し唱えます

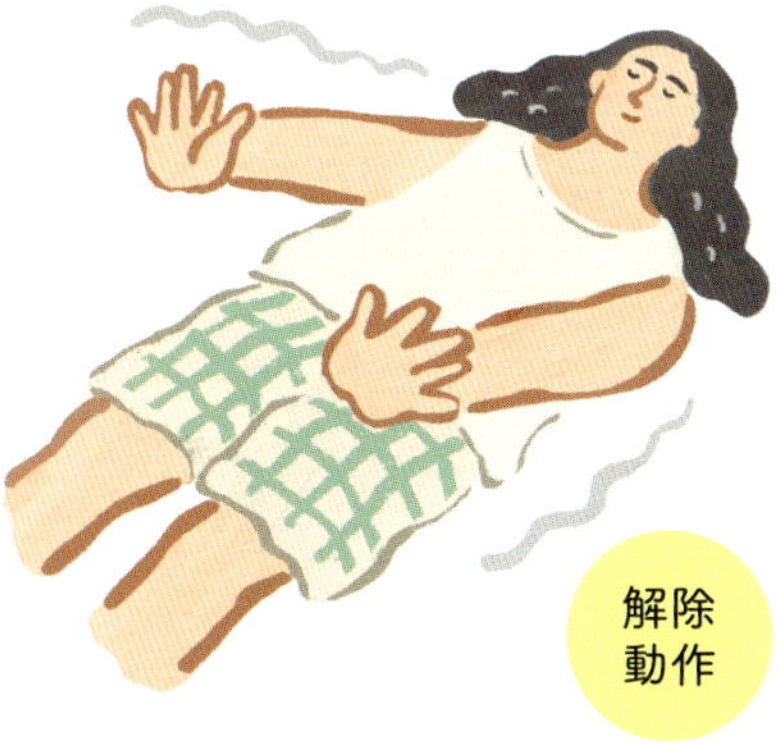

通常の状態に戻るときは、まず、両手を軽く握り、肘を曲げて後ろに引きます。そして、両手を開きながら、腕を前に伸ばします。これらを数回行いましょう

Exercise 12

3つのよいことを書いてみる

今日あったよいことを3つ思い出せますか?

もし思い出せなくても、それは自然なことです。人間の脳は、危険をすばやく察知できるように進化してきました。毒のある食べ物に気づいたり、別の生き物におそわれる危険を感じ取ったりすることが、生き延びるために不可欠だったからです。そのため、脳はネガティブな情報に、より敏感にできています。よいことよりもネガティブなことに目が向きやすいのは、あなたが弱いからではなく、人間としてごく自然な反応なのです。

とはいえ、ネガティブなことばかりが印象に残ると、こころが疲れてしまいます。そこでおすすめなのが「スリー・グッド・シングス」という方法です。毎晩寝る前に、その日にあったよいことを3つ思い出して書きとめ、ポジティブな経験がこころに残るようにします。ぜひ、無理なく続けてみてくださいね。

memo　1週間続けると幸福度が高まり、効果は最大6か月持続するといわれている

3 Good Things

～今日あった3つのよいこと～

1

2

3

朝から順番に起きたことを考えると思い浮かびやすいですよ

Exercise 13

何をストレスと感じているのか書き出してみる

自分が何にストレスを感じているのか、じっくり考えたことはありますか？「パートナーが自分を理解してくれず言い合いになった」とか「仕事でミスをしてチームに迷惑をかけた」というようなできごとがあるときは、ストレスの原因がはっきりとわかります。

でも、はっきりとした原因があるわけではないのになんとなくモヤモヤしたり、気づけば頭痛がしたり、自分でもなぜかわからないままストレスの症状があらわれることも、少なくないですよね。

一見よいこともストレスになる

ストレスの原因は必ずしも、わかりやすい、大きなできごとだけではありません。「電車が満員だった」「部屋が暑い」といった日常のささいなできごとも、気づかないうちに、ストレスのもとになっていることがあります。

「結婚する」「だれかに褒められる」といった一見ポジティブなできごとが、ストレスにつながることもあります。たとえ、よいできごとであっても、「変化」があればこころやからだが刺激を受け、疲れるからです。

私たちは、日常生活の中のさまざまなできごとに影響され、知らないうちにストレスをため込んでしまっているのです。

書くことでストレスに気づける

見過ごしがちなストレスに気づくために、一度ストレスについてじっくりと考える時間をとり、紙に書き出してみましょう。原因がわかればそこから距離をおいたり、対処したりもしやすくなります。ストレスを減らす第一歩です。

また、書くことで状況が整理され、自分がどのような場面や、できごとにストレスを感じやすいのか、パターンに気づけるかもしれません。ストレスを感じやすいパターンを知っておけば、軽減するための対策を事前にとれるようになり、こころの負担を減らせます。

考えること自体がストレスになる場合は無理に原因をつきつめる必要はありませんが、紙に書き出すだけでも意外とスッキリするかもしれません。

memo 書き出すだけで脳が「大丈夫」と認識し、ストレスが下がってスッキリする

1 ストレスの原因をリストアップ

「ストレス原因発見ワークシート」に過去1週間にストレスを感じたできごとを思いつくままに書き込んでみましょう

2 一見ポジティブなこと、ささいなこともリストアップ

ネガティブなことや大きなことでなくてもストレスの原因になることがあります。小さな変化もあげてみましょう

3 ストレスの原因を整理

リストアップしたものがどの領域なのか、仕事・家族・人間関係・健康・天候・場所・その他とラベルをつけてみましょう

4 どの領域のストレスが多いのかを把握

3で分類した領域の中で、どの領域がストレスの原因になることが多いのかを確認してみましょう

ストレス原因発見ワークシート

上司から細かいミスを指摘された
（ 仕事 ）

3年ぶりに友だちに会った
（ 人間関係 ）

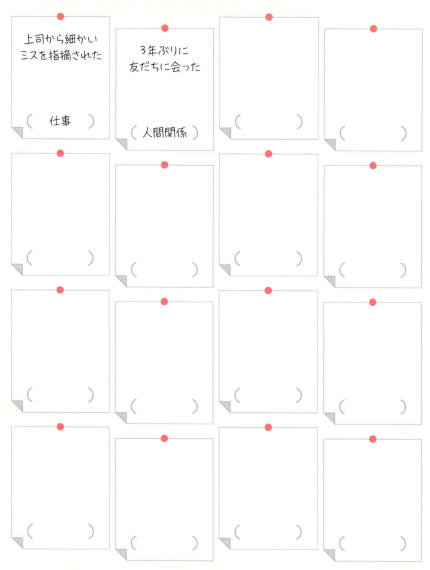

Exercise 14

ストレスを取り除く方法を考えてみる

エクササイズ13「何をストレスと感じているのか書き出してみる」をためして、ストレスの原因や自分が何にストレスを感じやすいのがわかってすっきりしたという人もいれば、けっきょくストレス自体は減っていなくてモヤモヤするという人もいるでしょう。

ここでは、ストレスの把握からさらに一歩進んで、ストレスそのもののケアにチャレンジします。それは、ストレスの原因となるものから離れるという方法です。一見、当たり前のように思えるかもしれませんが、これができれば、ストレスケアとして大きな効果を発揮します。

方法はひとつではない

「友人のAさんと会うのは楽しいけれど、なぜかいつも疲れる」と気づいた場合、「Aさんと会う頻度を少し減らす」とストレスを減らせます。ストレスの原因と

なっている人、もの、行動、環境などから距離をおくことで、ストレスがたまるのを防げるようになります。

「SNSを見ているとモヤモヤすることが多くて、なんだか疲れる」と気づいた場合、「SNSをチェックする頻度を減らす」のが効果的かもしれないし、「見ていると疲れるアカウントのフォローをいったんはずす」のがよいかもしれません。ストレスの原因となるSNSから距離をおくとしても、その方法はひとつではなく、いろいろあるのです。

もちろん、ストレスの原因から離れるのが難しい場合もあるでしょう。たとえば「今取り組んでいる仕事のプロジェクトが負担になっている」と気づいたとしても、そのタスクを放棄するのは現実的ではありませんよね。

そんなときは、完全に避けることはできないとしても、何かできることはないかを考えてみましょう。できるだけストレスがたまらない方法を探ったり、負担を減らせる環境を整えたりして、自分なりのケアをできるようにします。

あなたがかかえているストレスの原因は、距離をおくことができるものでしょうか。どんな方法をとれば、そこから離れられるでしょうか。紙に書き出しながら考えてみてください。

memo ストレスの原因から離れようとすることを「環境調整」と呼ぶ

私のストレスの取り除き方

1 ストレスの原因を1つあげましょう

◯ に記入してください

例： パートナーと休日の過ごし方について意見が合わなかった
仕事で上司から細かいミスを指摘された

2 ストレスの原因からうまく離れる方法を考えてみましょう

ヒントを手がかりに □ に記入してください

A ヒント：だれかに頼ったら？

B ヒント：だれかと分担したら？

C ヒント：場所を変えたら？

D ヒント：頻度を減らしたら？

E ヒント：目にふれない工夫をしたら？

3 その方法を使えそうかどうかを検討しましょう

2にあげた方法が実際に使えそうか検討しましょう。もし、実行できそうであれば具体案を書いてみましょう。現実的に実行が難しい場合は、無理をしないようにしましょう。無理に離れようとすると、かえってストレスが増すこともあります。

A

B

C

D

E

心理学Column

こころに余裕が生まれる「5つの調整」

心理学の世界では、ストレスの原因を「ストレッサー」と呼びます。こころを軽くするためには、ストレッサーがある環境を見直したり、調整したりすることが大切です。とくに仕事や家庭、人間関係がストレスのもとになっている場合、その環境を無理なく変えていくことで、少しずつこころに余裕が生まれます。

重要なのは、自分ができる範囲で少しずつためしてみること。ストレッサーが職場なら仕事の量を調整し、家庭なら家族と家事を分担するのがよいかもしれません。人間関係の場合は、ときには距離をおくことも必要です。

ストレスの少ない環境を整えることができれば、こころが落ち着く時間が増えるはずです。無理せず、自分にやさしくしながら、少しずつ進めていきましょう。あなたのこころの回復をなにより大切にしてくださいね。

5つの調整

1 職場での調整 work place

- 仕事をだれかにお願いする
- 働く場所や方法を変える
- 小休止を忘れない

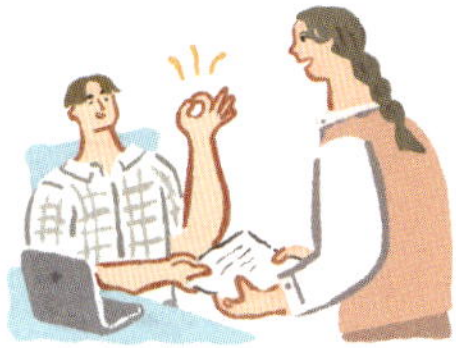

2 家庭での調整 home

- 家事をシンプルにする
- リフレッシュタイムを確保する
- 外部の助けを借りる

3 人間関係での調整 relationship

- 自分の時間を守る
- 連絡頻度を調整する
- つながりを整理する

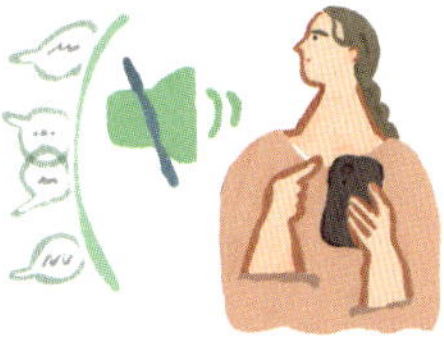

4 健康面での調整 health

- 軽い運動を取り入れる
- 休める環境をつくる
- しっかり休む

5 社会での調整 social

- オンラインでつながる
- 自分に無理のない集まりを選ぶ
- 新しい楽しみを見つける

Exercise 15

ストレスがちょっぴりやわらぐ考え方を見つけてみる

ある日、あなたは友人にメッセージを送りました。ふだんならすぐに返信がありますが、今回は2日たっても返信がありません。こんなとき、あなたはどう考えますか?

ストレスを感じるできごとが起こったとき、私たちはすぐに、それが自分にとってどんな意味をもつのかを考えます。「どうして無視されたんだろう?」としか考えられなければ、つらい気持ちになり、ストレスもどんどんたまっていきます。一方で「仕事が忙しくて忘れているのかも」「体調でも悪いのかな?」と、ちがった角度からも考えることができれば、つらさはやわらぎ、ストレスも軽くなるかもしれません。

考え方のパターンを増やそう

つまり、「ポジティブに考えるようにするってこと?」と思うかもしれませんが、

そうではありません。「ものごとをポジティブにとらえよう」「ポジティブに考えられる人になりたい」という話をよく耳にします。ですが、いやなできごとをポジティブにとらえるのは難しいことです。ネガティブにとらえることができるからこそ、相手が傷つく可能性を考え、人を思いやることができるという面もあります。

そのため心理学では、ポジティブに考えることが必ずしも大切だとはされていません。ネガティブなとらえ方でもよいので、少しでも気持ちがラクになる考え方のパターンをいくつかもっておくことが重要だといわれています。

このエクササイズは、ストレスを感じるできごとがあったときに、つい自分を傷つけるような考え方をしがちな人、つらくなったり不安になったりしやすい思考パターンの人、また、いつも同じような考え方をしてしまい、思考パターンのバリエーションが少ないと感じている人に、ぜひ取り組んでほしいものです。

エクササイズに取り組むことで、ストレスがかかる場面で、自分がどのような考え方をしているのかに気づくことができます。そして、エクササイズを続けていけば、その場面をいろいろな角度から考えられるようになり、ストレスを減らすことにつながります。

memo 考え方次第で、脳が「挑戦」ととらえパフォーマンスが上がることもある

＼ストレスがやわらぐ／
思考パターンの増やし方

やり方

1 ストレスを感じた状況を書きましょう

2 そのときに浮かんだ考えを書きましょう

3 2の考えをもったときの感情と、それぞれの感情の強さを
0（弱い）～100（強い）の範囲で数字を書きましょう

4 2に書いたもの以外の考え方を書きましょう

5 4で書いた新しい考え方をした場合、どのような感情が
どの程度あらわれるか、2のように書いてみましょう

6 感情の点数が少しでも減るように
4、5を何度かくり返してみましょう

アドバイス

たくさんの考えをあげても、選んだ考えがネガティブな感情を引き起こし、ポジティブな感情に変化しないと感じる方もいるかもしれませんが、心配はいりません。ストレスを感じる場面では、ポジティブな感情が出てくることはあまりありません。そのため、不安が100から80に減ったように、不快な感情の強さが少しでも軽くなるような考え方ができれば、それで充分です。感情の種類だけでなく、強さにも注目し、ストレスを感じる場面に対してさまざまな考え方ができるよう、ふだんから練習していくことが大切です。

できごと

1

（記入例）
友人からメールの
返信がこない

浮んだ考え

2

（記入例）
無視されている？

感情の点数（0～100）

3

（記入例）
不安90
怒り50

別の考え

4

（記入例）
忙しいのかも？

感情の点数（0～100）

5

（記入例）
不安50
怒り10

Exercise 16

大切な人に声をかけるように自分に声をかけてみる

大切な人が大変な状況にあるとき、あなたならどんな言葉をかけますか？「少し疲れただけですぐ人に頼るなんて」「罪悪感を感じて当然」……

驚かせてしまってごめんなさい。やさしいあなたは、きっとこんな言葉はかけないでしょう。でも、その状況にあるのが自分だったら？　知らず知らずのうちに、厳しい言葉を投げかけてはいないでしょうか。

家族や友人など大切な人に対しては、「これまでよくがんばってきたじゃない。あなたは充分にやれることをやったよ」「あなたのからだが心配だったよ。人に頼ることができて本当によかった」と、やさしい言葉をかけることができても、自分に対してはつい厳しくなってしまうものです。

ストレスの度合いは、考え方しだいで変わってきます。ストレスを感じる場面に出くわしたときに、自分に対してやさしい言葉をかけられるように練習していきましょう。

memo　自分への思いやり＝「セルフコンパッション」のひとつ

（ワークのやり方）

Step 1

ペンと紙を用意します

Step 2

ストレスを感じた状況や場面（いつ、どこで、だれと）を書き出します

Step 3

その場面に友人が遭遇したとしたら、あなたはどんな言葉をかけるでしょうか。1～2分間、時間を測りながら、思いつくままに紙に書き出してみてください

Step 4

書き終わったら、それを自分に対しての言葉だと想定し、一度読み返してみましょう

Exercise 17

「おまもりリスト」をつくってみる

「仕事で上司から細かいミスを指摘された」「パートナーが家事を手伝ってくれない」「母親の介護で疲れている」「仲のよい友人と意見が合わなかった」など、私たちの日常は、ストレスを感じるできごとであふれています。ストレスがたまっているなと感じたら、おいしいものを食べたり、カラオケに行ったりして発散している人も多いでしょう。

ストレスへの対処法はいくつもある

おいしいものを食べて発散するのがお決まりのパターンだとします。ストレスが増えるにつれて体重が増えてしまい、ダイエットが必要になったらどうなるでしょうか。食べて発散するという対処法が使えなくなり、ストレスのレベルがますます上がりそうですよね。

ひとつの発散法に頼っていると、その方法が使えなくなったときに困ってしま

います。そうなることを防ぐために、ストレスを感じるできごとに直面したときにどんな対応をとれるのか、いろいろな角度から考え、実際にためしておくのがおすすめです。

たとえば「パートナーが家事を手伝ってくれない」ことがストレスの場合、どのような対処が考えられるでしょうか。問題そのものに向き合って「家事を曜日ごとに分担する」「家事代行を頼む」などの解決策を探るものひとつの手です。また、「おいしいものを食べる」「友人に話を聞いてもらう」といったストレス発散法で、気分を変えるものよいでしょう。

あらかじめリスト化すると安心

ストレスとうまく付き合うには、あらかじめいろいろな角度から対処法を考えておき、リスト化して困ったときに使えるようにするのが効果的だといわれています。このエクササイズでは、ワークシートに沿って、自分に合った対処法をリストアップしていきます。

ストレスを感じたときにスムーズに対応できるようになる「おまもりリスト」をつくっていきましょう。

memo ストレス対処法のバリエーションが多いほどストレスに強くなる

＼こころがラクになる／

おまもりリストのつくり方

やり方

1 これまでに行ってきたストレスの対処法を書き出してみましょう

2 1で書き出したもの以外にどのような方法があるのか、よいか悪いか、できるかできないかなどは気にせず、思いつくままに書き出しましょう

3 以下を参考にして、さらにアイデアを増やしていきましょう

- **ひとつのアイデアを広げてみる**
  例: 出かける→散歩に出かける→緑のある場所に行く→川沿いに行く
- **発散する方法だけでなく、問題解決に役立ちそうな方法も考えてみる**
  例: 仕事のタスクのスケジュールを立て直す

4 書いたものの中から実行できそうなものをためしてみましょう

5 これまでうまくいっていた対処法が、年齢や環境の変化によってうまくいかないこともあります。
「おまもりリスト」は定期的に見直しましょう

おまもりリストの例

●ちょっといいチョコレートを食べる　●推しの動画を見る　●カフェでふわふわのカフェラテを飲む　●ハワイの旅行雑誌を読む　●温かいお風呂にゆっくりつかる　●お気に入りの本を再読する　●植物が多い公園で散歩をする　●会社帰りに寄り道をする　●衝動買いをする　●友だちに電話をする　●ぼーっと景色を眺める　●とにかく走る

Chapter 3 / Exercise 17 「おまもりリスト」をつくってみる

おまもりリスト

心理学Column

ストレスと上手に付き合うために知っておきたいこと

仕事に追われ、家事や家庭の責任をかかえ、そして人間関係にも気を使う日々。そんな毎日のこころの負担を少しでも軽くするため、ストレスの感じ方や対処法に関する理論を、ちょっとだけお伝えしたいと思います。

ストレスを感じるできごとが起こったとき、私たちの頭の中では「これは自分にとってストレスになるのか？」という判断が行われます。このプロセスを「認知的評価」といいます。

SNSで「いやな人がいる」という書き込みを見たとき、「これは自分のことだ」と思うと強いストレスを感じるでしょう。一方で「だれか別の人のことかも」ととらえればストレスは軽くなります。ストレスの軽減には、ものごとを多面的に見る力がカギになるのです。エクササイズ15〜16は、この力を養うのに役立ちます。

ストレスへの対処のプロセスは「コーピング」と呼び、状況に応じて方法を選

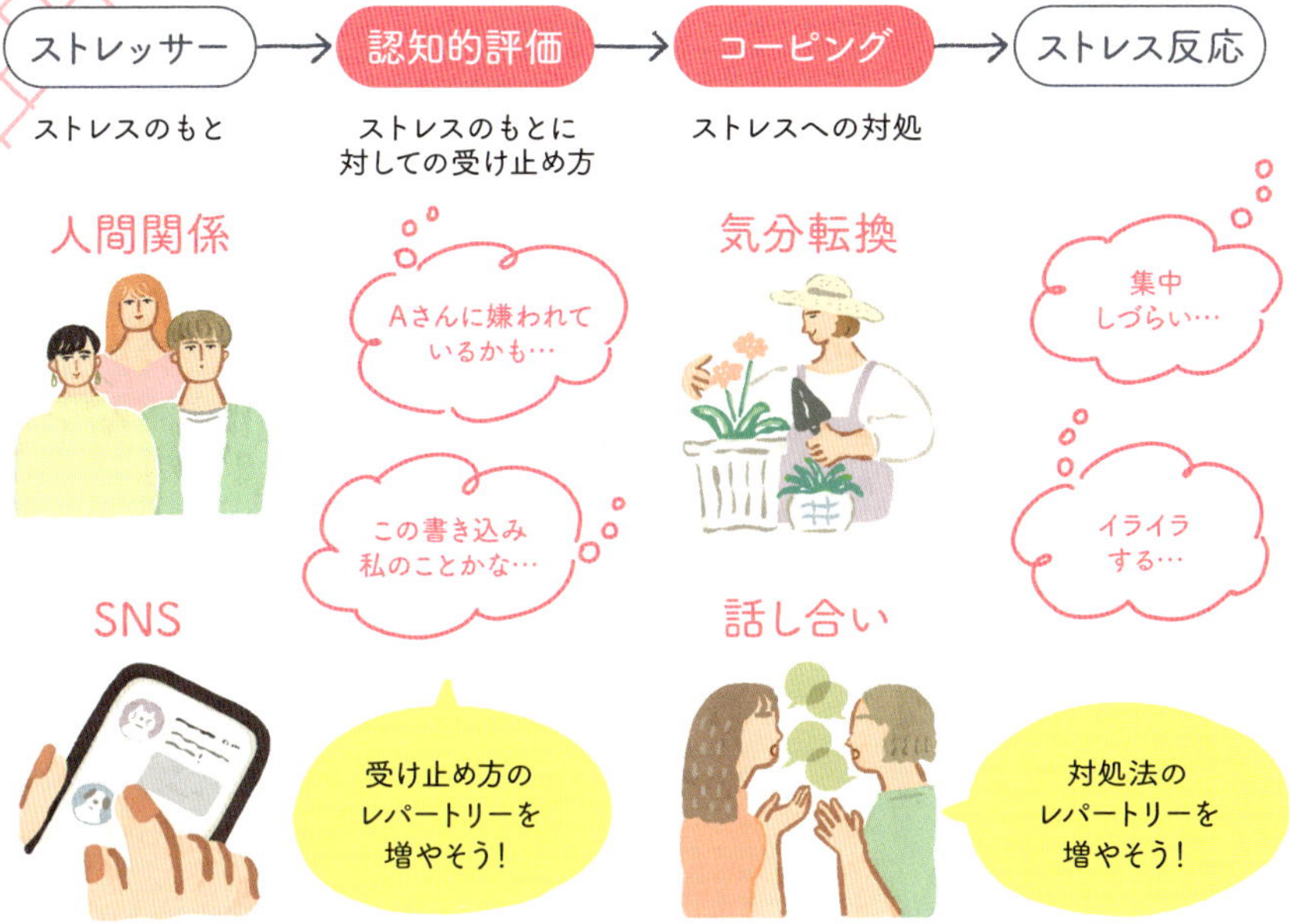

ぶことが大切です。

仕事や家庭で「やることが多すぎる」と感じたとき、スケジュールを見直して効率よく進める方法もあれば、一時的に休息をとるという方法もあります。バランスよく、多くの対処法をもつことが、ストレスに強くなるための秘訣です。エクササイズ17ではコーピングの力を養い、エクササイズ18〜20では、新たなコーピングを身につけられるようになっています。

ストレスはだれにでもありますが、向き合い方しだいで負担を軽減できます。あなたに合った対処法を見つけ、生活の中に少しずつ取り入れてみてください。

Exercise 18

思っていることを紙に書き出してみる

気になっていることが頭から離れなかったり、いやだったことが何度もフラッシュバックしたりするとき、友人に話すとすっきりしたという経験はありませんか。頭の中に浮かぶネガティブな考えやイメージは、言葉にしていったん出すと、整理されてすっと手放せることがよくあります。

でも、友人や家族と話ができるタイミングは限られています。ネガティブな気持ちにとらわれたとき、いつでもすぐに、だれかに話を聞いてもらえるわけではありませんよね。そんなとき役立つのが、声に出して話すのではなく、言葉にして書き出すエクササイズです。

紙とペンがあればいつでもできる

頭の中で思っていることを紙に書き出すのは、ストレス発散法のひとつで、心理学の世界では「エクスプレッシブ・ライティング」と呼ばれます。エクスプレッ

シブとは「感情などを表現する」という意味の英語です。感情的に大きな影響を受けたできごとを書くことで、心身の健康が大きく向上するといわれています。

この手法を使った研究からは、毎日、仕事が終わったあとや寝る前に、自分の感情を書き出す時間を20分つくると、こころが強くなり、ストレスが大きく減ることがわかりました。また、数週間から数か月でうつや不安が改善していく様子が見られたといいます。さらに、血圧が下がり、免疫力が向上するという結果も出ています。

人の手を借りなくても、紙とペンさえあればいつでもどこでもでき、お金もかかりません。ぜひ一度ためしてみてください。

memo 考えを外に出すことでネガティブな感情を浄化してくれる

Exerciseのやり方

日記のように整理してきれいに書くのではなく、頭の中にあるものをただ紙に落としてみましょう。今不安に思っていること、イライラしていること、昨日あったモヤモヤするできごとについて、この1週間どんな自分でありたいか、未来の自分について、自分が大切にしたいことなど、テーマを決めて書いてもよいです。

Chapter 3 / Exercise 18 思っていることを紙に書き出してみる

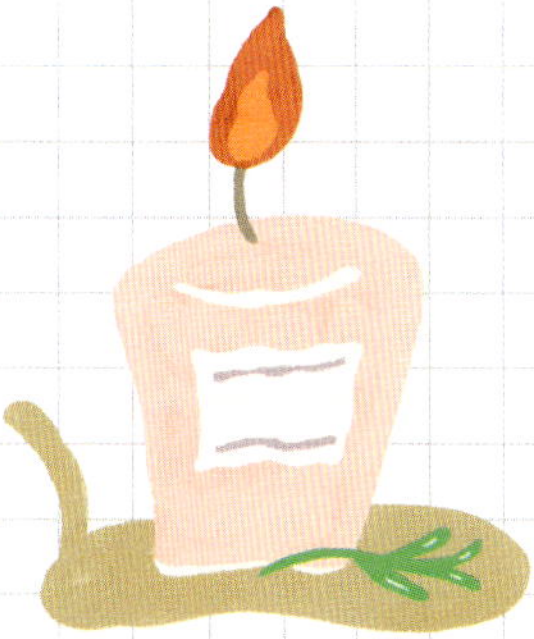

Exercise 19

5

すき間時間にミニ瞑想をしてみる

ストレスやプレッシャーからこころとからだを解放し、リセットしたいと感じたら、ミニ瞑想をしてみましょう。

「3ステップ呼吸空間法」と呼ばれるミニ瞑想は、ストレスを感じたとき、その場ですぐにできるのがメリットです。3分間程度でできるため、家事や育児、仕事の合間に行いやすく、気持ちをサッと整えることができます。やり方はとてもシンプルで、3つのステップにわかれています。

1　今の状態に気づく

まず、こころとからだの状態に気づきましょう。感情や思考、からだの感覚に注意を向け、評価せずにそのまま受け入れます。仕事中にイライラしていることに気づいたら、それをただ認識します。

2　呼吸に集中する

次に、呼吸に意識を向けます。自然な呼吸を感じながら、吸う息と吐く息に集中します。おなかや胸の動きに意識を向け、ゆっくりと深呼吸をしましょう。だんだん、こころが静まっていきます。

3　意識をからだ全体に

最後に、足の裏の感覚や、からだ全体の感覚を意識しましょう。まわりの状況に気づきながらこころを落ち着かせます。

この3ステップを身につけておけば、忙しい日常の中でも、ホッと安らぎを得ることができます。こころとからだがリラックスしやすくなり、ストレスによるさまざまなつらい症状がラクになりますよ。

memo　この呼吸法は日常のどんな場面でも簡単に実践できる手軽さが魅力

Exercise 20

6

からだの声に耳をすませてみる

自分のことはあとまわしにして仕事や家のことを全力でこなし、ある日突然、限界がきて体調を崩してしまう……。こころのティーカップに水がたまりやすい人は、そんながんばりやさんが多いです。目の前のことに一生懸命になるあまり、こころやからだの疲れに気づけないことがあります。疲れきってしまう前に、こころやからだの状態に意識を向けることがとても大切です。

「ボディスキャン」と呼ばれるこのエクササイズでは、つま先、脚、腹、胸、肩、腕、頭の順に、からだの部位ごとに意識を向けて、感覚をじっくり観察していきます。1日15分～45分、週3回～6回取り入れるのがおすすめ。数週間続けると、ストレス軽減や注意力向上が期待できます。短い時間でも毎日実践すれば、リラクセーション効果が高まり、こころとからだのバランスがとれていきます。

ストレスや不安の軽減だけでなく、慢性的な痛みの緩和や睡眠の質の向上にも効果があるといわれています。

memo からだをスキャンするように見ていくため「ボディスキャン」と呼ぶ

1 リラックスする

静かな場所に座るか横になり、目を閉じて深呼吸をします。からだ全体をリラックスさせて、今の自分に集中します

2 つま先から意識を向ける

つま先から始めて、脚、腹、胸、肩、腕、頭へとからだの各部位に順番に意識を向けます。緊張や感覚を感じ取りましょう

3 各部位を観察する

各部位の感覚（温かさ、冷たさ、痛み、緊張など）を観察します。判断せずにそのまま受け入れましょう

4 全身を感じる

全身に意識を広げ、からだ全体がどんな感覚かを感じ取ります。深呼吸をしながら、リラックスしていることを確認します

先生 Column

つねにリラックスする必要はない

「リラックスしなくては!」と思えば思うほど、うまくいかずに焦ってしまうこと、ありますよね。ストレスがたまっているときは、なかなかリラックスできないものです。また、仕事や家庭でいろいろな責任をかかえている中で、リラックスの時間をとるのが難しいと感じることもあるでしょう。

リラックスできないからといって、自分を責める必要はありません。「活動的にがんばっている自分もすばらしい」ということを忘れないでいてください。

自律神経には交感神経と副交感神経があり、交感神経が優位になると、集中力が高まり活動的に過ごせます。副交感神経が優位になると心身がリラックスします。私たちの生活には、リラックスする時間と活動的な時間の両方が必要です。

大切なのリラックスする時間と活動する時間のバランスを見直すこと、そして、こころとからだのバランスを保つことです。リラックスが必要だと思ったときは、自分にやさしくし、少しだけ休む。それがストレスを少しずつ減らしていくカギになるでしょう。

Chapter 4

「しんどい」があふれないこころの新常識

こころに余裕をつくって自分らしい人生を歩む

こころの状態チェックシートで「ティーカップの水が少しだけ」だとわかったあなた。あなたのこころは、健康な状態といえるでしょう。きっとこれまで、ストレスと上手に付き合い、自分をいたわってきたのだと思います。

現代社会では、ストレスがまったくかからないということは、なかなかありません。予想もしないストレスが思わぬ形で入り込んできたり、今までと同じ対処法では、たちうちできないストレスがかかったりすることもありえます。

こころに余裕があるときこそ、これから訪れるかもしれない難しい状況に備えて、こころをより強く、しなやかにする絶好のチャンスです。今こそ自分のこころを育てる時期だととらえて、ストレスとの付き合い方をステップアップさせて

みませんか。

ティーカップを大きくしよう

同じようなできごとでも、受けるストレスの大きさは人によってちがいます。それぞれがもつティーカップの大きさがちがっているためです。ティーカップが小さければすぐにあふれてしまいますが、大きければすぐにはいっぱいになりません。ティーカップをもっと大きくしておくことができれば、大きなストレスがやってきても安心です。

人生は長い旅路です。この先、どんなことが起こるかは、だれにもわかりません。今までに経験したことのない不安や悲しみに出会うこともあるでしょう。家族が増えたり、大切な人を失ったり、仕事上の立場が変わったりと、あなたをとりまく環境もどんどん変化していきます。年をとるにつれて体力が下がっていくので、からだの疲れやすさは増していきます。

そんなときのために、ぜひ今のうちに、あなたのティーカップをもっと大きくしてほしいのです。

ストレスといっしょに生きることを目指す

まずは、これまで自分がどんなふうにストレスに向き合ってきたか、振り返ってみましょう。負担が少なくなるようやり方を見直したり、苦手なことは人に頼ったりして、問題を解決したでしょうか。おいしいものを食べたり、信頼できる友人に愚痴を聞いてもらったりして、気分転換をしたでしょうか。これらはどれも、ティーカップの水を減らす方法です。

この章で紹介する新しいストレスとのつきあい方は、それとはまったくちがったアプローチで、「ストレスといっしょにうまく生きる」ことを目指します。「アクセプタンス＆コミットメント・セラピー（ＡＣＴ）」という心理学の理論に基づいた方法です。

受け入れる、行動できる

生きていれば何かしらの痛み、苦悩、すなわちストレスを感じるのが、人間らしい自然な在り方だとするのが、このACT（アクト）の考え方のスタート地点になります。その事実やそれに伴う自分自身の反応をAccept（アクセプト）＝受け入れ、どのように生きていくかを考えるのです。

ACTの大切なポイントは次の2つです。

- 避けられない痛みやストレスを受け入れること
- 自分が本当に生きたい人生に向けて行動すること

「ティーカップを大きくする」という考え方は、ACTでは「心理的柔軟性を身につける」と表現します。心理的柔軟性が身につくと、たとえストレスがかかっても、ネガティブな思考や感情に飲み込まれることなく、自分が大切にしているもの・ことに向かって歩みを進められるようになります。

メリットを具体的に見てみましょう。

・不安やイライラ、落ち込みといった感情に巻き込まれず、回復も早くなる
・いやな考えや感情と上手に付き合い、自分がやりたいことに集中できる
・大切なことに歩みを進められ、人生の充実感が増す

もちろん、ネガティブな感情のすべてを受け入れなくても大丈夫です。ネガティブな感情やいやな記憶の中には、虐待やハラスメントのように、許容してはいけないものもあります。大切なのは、自分にとって必要な感情は受け入れ、そうでないものは手放すという選択をできるようにすることです。

思考や感情とうまく付き合う

この章では、ストレスとの新しい付き合い方を身につけるだけでなく、自分自身の人生を生きる力を育むエクササイズを紹介していきます。実践しながら、楽しみながら始めてみてください。無理のないペースで続けていけば、あなたのティーカップはきっと、もっと大きくなるはずです。こころから応援しています。

\「人生の方向性」が見える！/

こころとうまく付き合える10のセルフケア

頭の中でぐるぐる考えてしまうとき

Exercise 21 思考に名前をつけてみる

Exercise 22 ラベリング瞑想をしてみる

Exercise 23 自分の思考を空に流れる雲の上に置いてみる

いやな気持ちに振りまわされてしまうとき

Exercise 24 感情と仲良くしてみる

Exercise 25 感情を受け入れられる「こころの空間」をつくってみる

過去や未来の不安に振りまわされてしまうとき

Exercise 26 5つのものを意識してみる

Exercise 27 呼吸のマインドフルネス

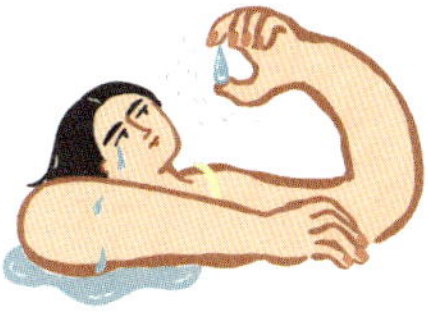

将来の方向性が見えないとき

Exercise 28 「価値リスト」から5つ選んでみる

Exercise 29 85歳の誕生日をイメージしてみる

Exercise 30 不快な感情から大切なものを思い浮かべてみる

Exercise 21

思考に名前をつけてみる

私たちは頭の中でたくさんのことを考えています。「また失敗するかも」「あの言葉で相手を傷つけたかも」「あの人から嫌われているかも」といったネガティブな思いがよぎることもあります。

考えが浮かぶのは自然なことですが、実際には起こっていないこと、たしかめられないことにとらわれすぎると、不安やストレスを感じやすくなり、必要以上に苦しい選択をしたり、本当にやりたいことができなくなったりすることも。

たとえば、「自分には無理だ」と思い込み、失敗をおそれて新しいチャレンジを避けてしまう、「つまらないって思われたらどうしよう」と考え、友人からの誘いを断ってしまう、といったことがあるかもしれません。

本当は「チャレンジしたい」「友人といっしょに楽しい時間を過ごしたい」と思っているのに、頭の中の考えにとらわれて行動を制限してしまうのはもったいないですよね。

名前はちょっと笑えるものに

ネガティブな思いが浮かんでくるときは、思考と距離をとる工夫が必要です。そこでためしてみてほしいのが、考えに名前をつけるエクササイズです。

頭に浮かぶ考えや思いは、無理に消そうとするとかえって強くなってしまいます。考えないようにするのではなく、「また『ぐるぐるモンスター』が出てきた」「あっ、これはいつもの『勝手にジャッジマン』の登場だ」と名前をつけて呼んでみましょう。

名前はちょっと笑えるものにするのがポイント。遊びごころのある名前にすることで、気持ちが軽くなり、自然に思考と距離をとることができます。

まずは、よく浮かんでくる考えを思い出してください。「また失敗するんじゃないか」「もっとやさしい言葉で言えばよかった」といった考えです。大まかに分類してそれぞれに名前をつけたら、あとはその考えが浮かんだときに名前で呼ぶだけです。そうすると思考を客観視でき、こころにゆとりが生まれるはずです。

いい名前が思い浮かばないときは、家族や友人といっしょに、ゲーム感覚で名前をつけ合うのも楽しいですよ。

memo 思考について考えないようにしようとせず、ただ名前をつけるのがポイント

きもちの村の住人たち

考えが堂々めぐりして止まらない
ぐるぐるモンスター
「希望なんてこれっぽっちもない」と超ネガティブ
暗黒トンネル
不安で不安でしょうがない
ミセスふあん
すぐに「無理だ」と言い出す思考
ダメダメ博士
「もしも〜だったらどうしよう」と心配ばかりする思考
もしもん
「どうせ私なんて」といじける
いじ子ちゃん
あきらめ番長
BANCHO
何でもすぐにあきらめたくなる思考

重く
のしかかる
気分
ズンと
おもり君
いつもよい・
悪いを判断する
ひょうかりん
いいな、いいな
と思う気持ち
ねたみん
「あのとき
こうしてれば」と
過去のことを
何度も思い返す
後悔リプレイ
ボタン
自分や他人を
批判ばかりする
思考
勝手に
ジャッジマン
まだ起きて
いないことに
心配しすぎる
とりこし
苦労人
同じことを
くり返し
考えてしまう
考えすぎ
オウム

Exercise 22

7

ラベリング瞑想をしてみる

ラベリング瞑想は、浮かんできた思考や感情にそっと名前をつけ、それらにとらわれずに呼吸に意識を戻す練習です。

「今日の夕飯は何にしよう？」と思ったら、「夕飯」とシンプルにラベリングし、呼吸に意識を戻します。頭の中でぐるぐると浮かぶ考えから距離をおくのに役立ちます。

ふだんの生活の中でストレスや不安を感じやすい人、いつも頭の中が考えごとでいっぱいになってしまう人に、とくに有効です。ラベリングをすることで、頭の中で絶え間なくくり返される思考を冷静に観察でき、思考に巻き込まれにくくなります。

最初は思考に気づくことや、適切なラベルを見つけるのが難しいかもしれませんが、続けるうちに慣れていきます。焦らず、自分のペースで進めることが大切です。頭の中の考えと上手に付き合う力を養っていきましょう。

memo 迷ってラベリングできないときは「○○と考えた」と実況中継してみる

1 呼吸に意識を向ける

まずは静かに、呼吸に意識を向けます。深呼吸をして、吸う息と吐く息に集中しましょう

2 思考や感覚に気づく

呼吸に集中すると、自然に思考や感情が浮かびます。浮かんできたことを無理に取り除こうとせず、ただ気づきましょう

3 ラベルをつける

浮かんだ思考にシンプルなラベルをつけましょう。評価せずに「食欲」「仕事」など客観的に名前をつけます

4 ラベルをつけて呼吸に戻る

「仕事いやだな」などの価値判断が出たら「判断」や「評価」などのラベルをつけ、再び呼吸に戻りましょう

Exercise 23

8

自分の思考を空に流れる雲の上に置いてみる

「頭の中に次々と考えが浮かんで、目の前のことに集中できない」「気づけば考え込んで時間が過ぎていた」という経験はだれにでもあることです。

やらなければならないことに手がつかず、焦りやストレスを感じることもありますよね。そんなときは、広い空に流れる雲の上に、自分の思考を置く想像をしてみましょう。

私たちは平均すると7秒間に1回、なんらかの考えが頭に浮かぶといわれています。どんどんあふれ出てくる考えを、無理に追い出そうとしたり、深追いしたりするのではなく、ただそのまま流れていくのを見守ります。

ゆったりとした雲の流れをイメージしながら、こころを落ち着けて見守ることで、雑念に振りまわされないための練習ができます。

考えに対して「よい」「悪い」と評価をせず、ただ眺める練習を続けると、脳が自然にその方法を覚え、こころに余裕が生まれます。

memo　雲のイメージが難しければ、空にそのまま考えを浮かべてみる

1 野原に寝転がるイメージで

大きな野原に寝転がるイメージをします。そして、空と雲を眺めているところを想像していきましょう

2 自然と出た考えに気づく

しばらく空を眺めていると、自然に考えや気持ちが湧き上がってくることがあります。それに気づいてみます

3 考えを雲の上に置く

考えに気づいたら、それを空に浮かぶ雲の上に置き、ゆっくり流れていく様子をただ観察していきましょう

4 10分ほど続ける

無理に考えや雲を見つける必要はありません。考えが浮かばないときには、浮かばないことにただ気づいていきましょう

心理学Column

「色つきメガネ」をはずすと思考とうまく付き合える

思考や言葉は、私たちの行動をよい方向に導く力をもっています。「赤信号のときに道を渡ると危ない」と考えることで事故に遭うのを避けられますし、「雨が降りそうだから傘を持って出かけよう」と判断することで雨に濡れないですみます。頭で考えることは、けっして悪いことではありません。

一方で、思考や言葉は、私たちを縛る力ももっています。「この誘いを断ったら、あの人に嫌われてしまう」と不安で休日に無理をして出かけたり、「このタスクを今日中に終えないと、できないやつだと思われる」とおそれて連日残業をしたり、「何をやってもうまくいかない。私はダメな人間だ」と悲観的になって一歩を踏み出せなかったり……。

頭の中に浮かぶ思考や言葉にとらわれて、思うように行動できなくなったとい

う経験がある人は多いはず。ネガティブな想像が広がることで、必要以上にストレスを感じてしまっているのです。思考が行動を支配し、こころを苦しめている状態です。

心理学ではこうした状況を「認知的フュージョン」と名づけています。失敗をおそれる思考にとらわれ、挑戦を避けてしまうのも、認知的フュージョンにあたります。思考はぴったりとくっついて離れず、私たちを振りまわすのです。

「色つきメガネ」をはずして観察する

私たちは、思考という色つきメガネをかけて世界を見ています。メガネを通して見る景色にはバイアスがかかっているのですが、メガネをかけていることをすっかり忘れ、頭で考えていることのすべてが現実だと錯覚してしまいます。

「色つきメガネ」をはずし、そのメガネ自体を見るように思考そのものを客観的に見つめる方法が「脱フュージョン」です。思考を無理に消そうとせず、「今こんなことを考えているんだな」と、その存在を認識することが大切です。

「私はいつも失敗する」という思考が浮かんだとき、それにしたがって行動する

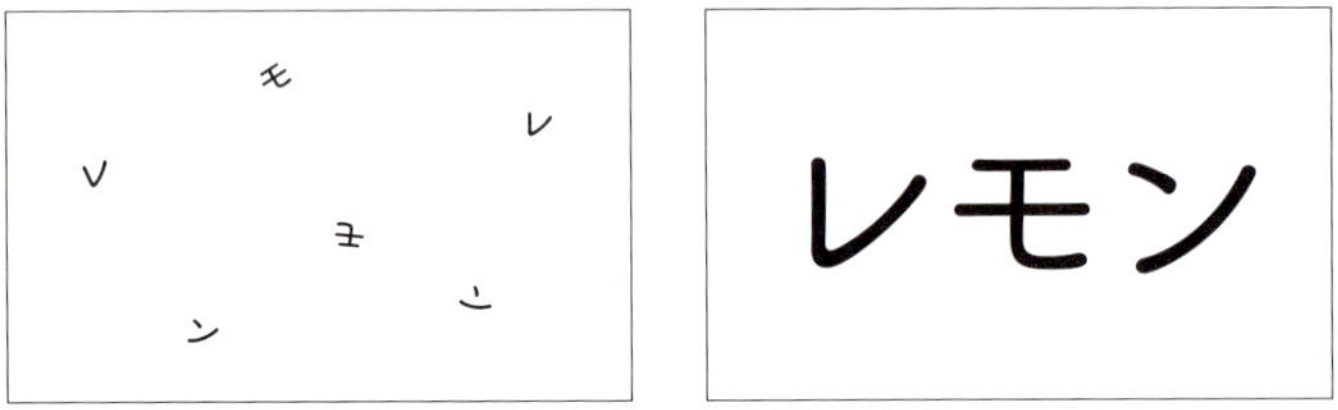

のではなく、「今、自分は失敗について考えているんだな」と、一歩引いて観察する練習をします。

イメージは感覚に結びつく

上の図を観察してみましょう。まずは右側だけを見てください。どんなイメージが浮かびますか。

きっと、黄色いレモンのイメージが頭に浮かんだのではないでしょうか。酸っぱい感覚を思い出し、唾液が出てきた人もいるでしょう。

では今度は、右側の図を隠して左側だけを見てください。何かが散らばっているように見えるだけで、先ほどの酸っぱい感覚は薄れているのでは。

このように、言葉や思考はとても強い影響を与えるものですが、実際にはただの文字や音であり、形が変わるとその意味も薄れてしまうことがあります。

思考と距離をとる練習を

頭に浮かぶ思考や言葉に振りまわされず、上手につきあうためのトレーニングになるのが、エクササイズ21〜23です。

これらのエクササイズを行うことで、自分にぴったりくっついていた思考と距離をとり、客観的に見つめられるようになります。ネガティブな思考だからと無理に押しやらず、思考の存在を受け止めながら、ただ観察するのです。このエクササイズを続けると、こころに余裕が生まれ、自分が本当に大切にしたいことに目を向けられるようになります。

仕事、家族、友人との関係など、日々の悩みや課題は尽きませんが、思考にとらわれすぎると、自分の本当の気持ちが見えにくくなります。エクササイズを通して思考と適切な距離をとり、自分らしい方向に進んでいけるようになることを願っています。

Exercise 24

9

感情と仲良くしてみる

緊張して手が震えたり、イライラで顔が熱くなったり、悲しみで胸が締めつけられたりするように、感情はからだにあらわれます。このエクササイズでは、その感情を、やさしく観察していきます。

まずは、つらいと感じたできごとを思い出してみましょう。感情がからだのどの部分にあらわれているか、静かに感じ取ります。そして、その部分に息を吹き込むようなイメージを思い浮かべたり、感じ取った感覚をモノや形にたとえてみたりします。

この練習をくり返すと、脳の中が穏やかに変化し、感情に振りまわされることが少しずつ減るといわれています。自分の感情をそっと観察し、寄り添う習慣をつけると、こころが軽くなる瞬間が増えていくはずです。

ただしあまりに不快なイメージや記憶があらわれる場合には中断しましょう。

memo 感情を追い出さずに、からだでとらえる脳のクセを新たにつくれる

**モノ化
してみる**

感情を感じたときのからだの
感覚をモノにたとえてみる

観察する

感情を感じたとき
のからだの感覚を
観察していく

**息を
吹き込んで
広げる**

感情を感じているからだの部分
に息を吹き込み、広げていく

**自分を
慈しむ**

感情を感じている自分
やからだを大切に思う

**意識を
広げる**

感情を感じているからだの部分
から意識を広げていく

**そのままに
しておく**

感情を感じているから
だの部分をただ見つめ、
そのままにしておく

Exercise 25

10

感情を受け入れられる「こころの空間」をつくってみる

やらなければならないことがたくさんある。責任重大なタスクが重なってプレッシャーを感じる。そんなとき、ついイライラして人にあたってしまった経験はありませんか。そんなことがあるたびに後悔が押し寄せてきて、自分を責める人も多いでしょう。

ここで紹介する「慈悲の瞑想」というエクササイズは、自分や人に対して、やさしさ、思いやりを向ける練習です。

イライラや不安があることを認めながら、「私が幸せでありますように」「私が健康でありますように」といったポジティブな言葉をくり返し唱えます。その後、家族や友人、ときにはネガティブな感情をもつ相手に対しても、こころの中で同じ言葉を送ります。

このエクササイズを続けると、共感力が高まり、こころが穏やかになっていきます。自分にも他人にも、やさしく寄り添うことを忘れないでくださいね。

memo 「慈悲の瞑想」は他者への怒りや否定的な感情も和らげる効果がある

1 静かな場所でリラックスする

静かで落ち着ける場所に座ります。背筋を伸ばして、リラックスしましょう。目を閉じて、ゆっくりと深呼吸をします

2 自分にやさしさを向ける

「私が健康でいられますように」などとやさしいことばをかけて、自分に対する思いやりを感じながら深呼吸を続けます

3 他人にもやさしさを送る

自分が大切に思っている人に対して、「○○さんが健康でいられますように」などとやさしい言葉を送りましょう

4 苦手な人にもやさしさを送る

最初は難しいかもしれませんが、苦手だと感じる相手にも思いやりを向けてみます。こころが広がるのを感じましょう

心理学Column

感情に振りまわされないコツ

不安、緊張、落ち込み、怒り、悲しみ。私たちは、「考え」だけでなく「感情」にも振りまわされています。ネガティブな感情は不快なので、なんとかして小さくしたり、追い出したくなりますよね。いやな感情を避け、できるだけ感じないようにしようとする反応は、ACT（アクセプタンス＆コミットメント・セラピー）では「体験の回避」と呼ばれます。

ですが、ネガティブな感情にはよい面もあります。不安や緊張があるからこそ、ものごとに一生懸命取り組めたり、落ち込むからこそ、次に向けてがんばろうという気力につながったりします。怒りのおかげで、自分が本当に大切にしたいものがわかることもあれば、悲しみを経験することで、人のやさしさに気づくこともあります。不快な感情も、自分を守り、自分自身を表現するために必要なものなのです。

「ネガティブな感情はよくない」という思いにとらわれ、感情を追い出そうとエネルギーを使ってしまうことこそが、こころを疲弊させる原因です。感情を無理に追い出そうとするのではなく、そっと自分の中に置いたまま、自分の人生にとって意味のある方向に歩みを進めましょう。

感情を受け入れるには練習が必要

不快な感情を受け入れることに、最初は抵抗を感じるかもしれません。ネガティブな感情を自分の中にそっと置いておくにはスキルが必要です。

エクササイズ24「感情と仲良くしてみる」、エクササイズ25「感情を受け入れられる『こころの空間』をつくってみる」は、どちらもこのスキルをみがく練習にぴったりです。

ある研究では、エクササイズを最短2週間ほど行えば、感情との向き合い方を向上させる効果が期待できるといわれています。感情に振りまわされているなと感じている人も、今はとくに困っていないという人も、練習しておくと感情の扱い方がうまくなるはずです。

Exercise 26

11

5つのものを意識してみる

「子どものころから恥ずかしがりで、そのせいでいろいろなことがうまくいかなかったな」「この先、仕事をどうがんばっていけばいいんだろう」

そんなふうに過去や未来のことが頭の中で行ったり来たりして、落ち込んだり、不安になったりすることはありませんか。

私たちは頭の中で、簡単に過去や未来にタイムスリップしてしまいます。悩んだところで過去は変えられないし、未来にどんなことが起こるかはわかりません。過去を振り返ったり、未来を予想したりするのは、人間のすばらしい能力ではあるのですが、過去や未来にとらわれすぎると、目の前にある小さな幸せや刺激を見逃してしまいます。

自分の内側（考えや感情）に加えて、外側（景色、音、香りなど）にも意識を向けることが、今この瞬間を意識するきっかけになります。5つのものを意識してみることは、まさにそのためのエクササイズです。

memo 過去や未来など思考がさまようことを「マインドワンダリング」という

1 見えるもの5つを意識

ゆったりと座り、呼吸へと意識を向けます。目をゆっくりと開けて、見えるものをひとつずつ、計5つ意識しましょう

2 聞こえる音を5つ意識

目をゆっくり閉じます。今度は、聞こえてくる音を探し、ひとつずつ、計5つの音を意識していきます

3 からだにふれている5つのものを意識

からだにふれるもの5つを意識します。服がからだにふれる感覚、足が床についている感覚など、なんでもかまいません

4 すべてを意識

ゆっくりと目を開けて、見えるもの、聞こえるもの、からだにふれているもの、すべていっしょに意識しましょう

Exercise 27

12

呼吸のマインドフルネス

今この瞬間に気づくのに役立つのが、マインドフルネスです。今この瞬間に見えている景色、音、香りなど、外側にある刺激に意識を向けることで、脳も自然に今に意識を向けられるようになります。マインドフルネスは呼吸、歩くときの足の裏の感覚、食べ物の味や香りなどを通して行う方法がありますが、ここではいつでもどこでも実践しやすい、呼吸のマインドフルネスを紹介します。

・実施前の注意：あまりに不快なイメージがあらわれる場合は中断しましょう。
・場所：基本的にどこでもできます。ただ、最初のうちは自分の気持ちが落ち着く静かな場所で行うのがおすすめです。
・姿勢：椅子に座る場合は背もたれから、握りこぶしひとつぶんを離して背筋をのばしましょう。両足は肩幅くらいに開き、足裏全体をしっかり床につけます。手はからだの横か、おなかと胸に軽く当ててもよいでしょう。

memo 「よい瞑想」「悪い瞑想」というものはなく、ただ意識を向けることが大事

1 呼吸に意識を向ける

自然な呼吸に気づいていきます。呼吸をコントロールしようとせずに、そのままの呼吸に意識を向けます

2 呼吸を感じる部分に意識を向ける

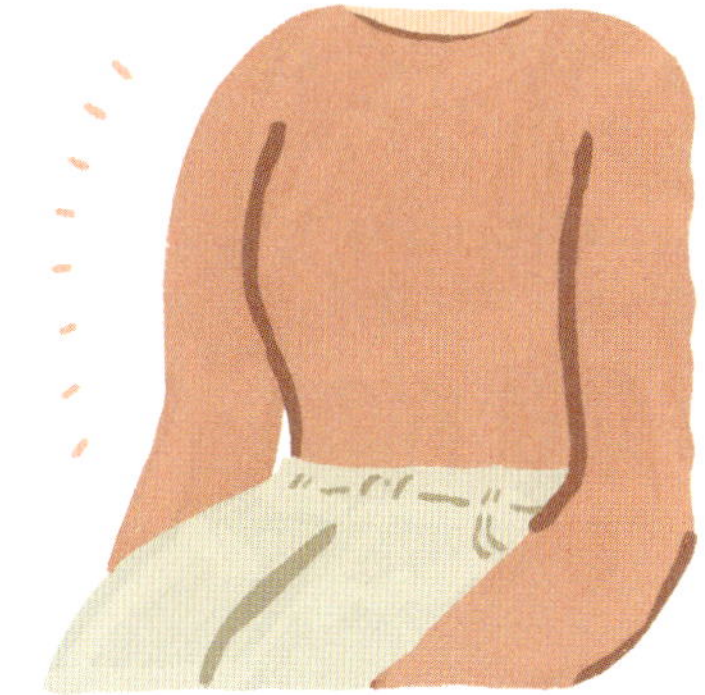

鼻や喉、胸など、自分がいちばん呼吸を感じる場所に意識を集中させます。その部分にやさしく意識を向けていきます

3 思考や感情に気づく

思考や感情が浮かんでくることがあります。よい悪いと評価せずに、ただ「気づいた」ということを認めます

4 意識を呼吸に戻す

思考や感情に気づいたら、やさしく呼吸に意識を戻します。「気づいたら戻る」を何度もくり返しましょう

心理学Column

「今、ここ」に意識を向ける

「今、ここ」に意識を向けるとは、どういうことでしょうか。

それは、今この現実を感じ、瞬間瞬間の自分に気づく、ということです。人間は、過去や未来に思考をめぐらせることができます。過去や未来について考えるのはよいことではありますが、今この瞬間の現実をキャッチする妨げになることもあります。

こんな場面を想像してみてください。あなたの目の前には友人がいて、楽しそうに笑っています。でも、あなたの頭の中には「この前、友人にひどいことを言って傷つけたな……」と過去の自分の行動への後悔ばかりがよぎっています。

どうでしょうか？　これでは「友人が笑顔でいる」という今この瞬間の現実に向き合えませんよね。友人は何も気にせず楽しく過ごしているのに、あなたの脳内は過去にタイムスリップして、本来楽しめるはずの時間が、心配や不安に包ま

れた時間へとすり替わってしまうのです。

マインドフルは練習すれば身につく

意識がしっかり「今、ここ」に向いている状態を「マインドフルな状態」といいます。マインドフルな状態を身につければ、目の前で起きていることや、その瞬間の感覚に気づくことができます。

先ほどの場面でいえば、友人が笑顔でいることに気づくのと同時に、自分の中にまだ心配な気持ちが残っていることにも気づけるでしょう。そして、その気づきを、今起きている事実として受け止められるようになります。

マインドフルな状態をつくるには、エクササイズ26「5つのものを意識してみる」、エクササイズ27「呼吸のマインドフルネス」のような、何かに意識を向ける方法が効果的です。忙しくて時間がないときは、話している相手の声やしぐさを観察したり、洗濯物を干すときの手触りや香りに意識を向けたりするのも、よい練習になります。

Exercise 28

「価値リスト」から5つ選んでみる

「あなたにとって大切にしたいことは何ですか？」と聞かれて、パッと答えることができますか。

家庭、仕事、子育て、介護などたくさんの役割をこなし、まわりの人からの期待に応え、日々を懸命に過ごすうちに、自分が本当に大切にしたいことを見失ってはいないでしょうか。「義務」や「責任」に追われ、自分の満足や幸せはあとまわしになっていませんか。

生きる方向性が不明確だと、何を目指して行動すればよいのかわからず、迷いや不安が増え、ストレスもたまりやすくなります。一方で、方向性を明確にしておくと、自分にとって本当に大切なものがわかり、毎日の行動に意味や目的が生まれ、充実感を得やすくなるのです。

選択から価値観の方向性がわかる

次のページに載せている「価値リスト」は、見失ってしまった大切な価値観を再発見するヒントになります。

リストには39の価値観が書かれています。この中から、自分にとって大切だと思えるものを、直感で５つ選んでみてください。どんなものを選んだかを振り返れば、「家族とのつながり」「誠実さ」「健康」といった、大切にしたいことの方向性が見えてくるはずです。

エクササイズを通して、自分が大切だと思うことに、時間やエネルギーを割き、自分らしい選択や生き方を実現するきっかけとなるでしょう。

memo 「価値」は一生を通じて追い求めるもので達成したかは最後までわからない

価値リスト

5つの価値の選び方

5つの価値を選ぶ

自分の人生でとくに大切にしたいと感じる価値を5つ選ぶ

選んだ価値を振り返る

選んだ価値が、自分の行動や意思決定にどのように影響しているかを考える

選ぶときのポイント

直感で選ぶ

価値を選ぶときは、深く悩まず、最初に心に浮かんだものを大切にする

他者の期待ではなく、自分の価値を選ぶ

社会的な期待や他人の価値ではなく、自分が本当に大切だと思うものを選ぶことが重要

焦らず探していく

すぐに価値が見つからなくても問題ない。少しずつ明確にしていく

価値は変わるもの

選んだ価値は、時間とともに変化することがあるため、柔軟に考える

- 冒険
- 楽しみ
- 受容
- 正直
- 主張
- 感謝
- いたわり
- 勤勉
- 誠実
- 親切
- 思いやり
- 親密
- 貢献
- 愛
- つながり

秩序
協力
マインドフル

創造性
粘り強さ
勇気

責任
好奇心
敬意

興奮
安全
励まし

セクシュアリティ
正義
官能

柔軟性
熟練
健康

信頼
自由
支える

公共
寛容
友好

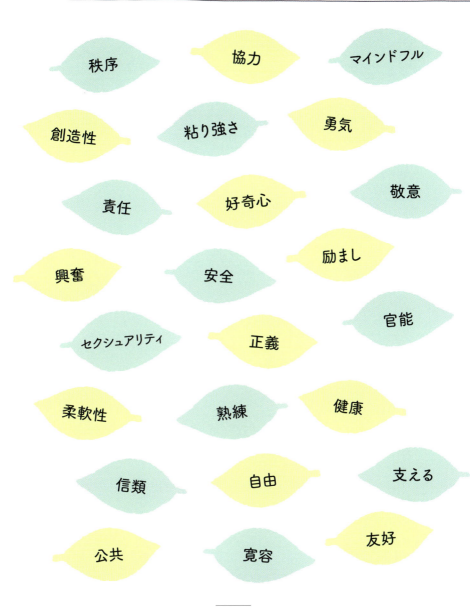

Exercise 29

85歳の誕生日をイメージしてみる

85歳になった自分を思い浮かべてください。まわりにいる家族や友人たちが、あなたについてどんなふうに話しているかを想像してみましょう。

このエクササイズは、「自分にとって大切なものは何か」を見つめ直すための方法です。どんな人だと語られたいか、どのような人生を歩みたいかを考えることで、あなたにとって大切な人生の軸や人生の方向性が浮かび上がります。

大切にしたい人生の方向性がはっきりわかれば、自分がどう生きたいのかが明確になります。ふだんの行動や、選択をせまれられたときの決断を、自信をもって行えるようになるはずです。

また、自分にとって本当に価値のあることにエネルギーを注げるようになり、ストレスや迷いが減って、生きやすくなるかもしれません。

こころの中にブレない軸ができ、より自分らしく人生を歩み、今後の充実感を高める助けとなるでしょう。

memo 「価値」は人生のコンパスのようなもの

あなたの85歳の誕生日パーティー

あなたの85歳の誕生日パーティーをイメージしてください。
友人、子ども、パートナー、職場の同僚、だれでもかまいません。
彼らは、あなたが生きていくうえで何を大切にしてきたかを話します。
「あなたはどんな存在か」「どんな役割を果たしてきたか」……
言ってもらいたいと思うことをどんなことでもいいので想像してみましょう。

Exercise 30

不快な感情から大切なものを思い浮かべてみる

喜び、悲しみ、安心、不安、期待、怒りなど、生きているとさまざまな感情に出会います。不快な感情は、できれば避けたいものですよね。ですが、ときにはネガティブな感情を「いやなもの」として追い出さず、「なぜこの感情を感じているのか」「この感情は私に何を伝えようとしているのか」と考えてみましょう。

これは、不快な感情から、自分の人生にとって大切なこと・ものの方向性を見つけるエクササイズです。

ネガティブな感情には、本当に大切にしたいものが隠れています。たとえば、不安を感じるのは、家族や仕事など、かけがえのないものを守りたい、失いたくないという気持ちのあらわれかもしれません。怒りがメラメラと湧いてくるときは、自分の価値観や信念が踏みにじられたと感じているのかも。

こんなふうに、不快な感情が出てきた背景に目を向けることで、見えてくるものがあるのです。

大切なものを尊重する

どんなときに不安になりやすいか、怒りを感じるのはどんな状況か、まずは思い返してみてください。

そして、背後にある大切なこと・ものを分析して、それを守るためにできることを考えていきましょう。

家族がなにより大切だと気づいたら、家族と過ごす時間を増やしたり、家族に感謝を伝えたりすることができます。成長を大切にしたいなら、ステップアップするための方法を探ることができます。

不快な感情に耳を傾けることで、自分の軸となるものや思いを尊重することができるのです。

memo 怒りや不安はあなた自身をあらわし、守ってくれるものでもある

心理学Column

自分らしい人生を歩むには

仕事で成長を感じたとき、チームで何かを達成したとき、家族で楽しい時間を過ごしたとき。人にはそれぞれ、幸せを感じる瞬間があります。

このようなかけがえのない瞬間に基づく生き方を、ACT（アクセプタンス&コミットメント・セラピー）では、「価値」と呼んでいます。

価値は「目標」とはちがい、達成したらそれで終わるものではありません。外からの期待に応えるものではなく、自分のこころの奥底から湧き上がるものです。「人とかかわりたい」「学び続けたい」といった、自分らしい人生の方向性が価値にあたります。

過去を振り返って価値を探そう

価値に沿った生き方をすれば、自分らしい人生を歩むことができます。

けれども価値は、こころに不安や迷いがあると見失ってしまいがちです。「自分の思いを表現したい」という価値があっても、「恥ずかしい」「批判されるかも」という気持ちがあまりに強いと、表現を続けられなくなります。

価値を明確にするには、ときどき過去を振り返り、やりがいを感じたこと、いやだったことなどを思い出す作業が役に立つこともあります。

たとえば、「バレーボール部でセッターをしていたとき、充実していた」と思い出したら、チームで協力することが好きだったのか、自分の役割を果たすのが好きだったのか、などと掘り下げてみましょう。「周囲の人の評価が気になって、思うように行動できなかった」という人は、「人を尊重する」という価値をもっているのかもしれません。

ACTでは、思考や感情を受け止めながらも、価値にしたがって行動を進めることが大切だと考えます。価値を自覚できるようになると、不安やネガティブな感情に振りまわされることが自然に減り、人生の幸福度が上がります。

価値を見つけるには時間がかかるかもしれませんが、ぜひじっくり時間をとって、探してみてくださいね。

先生 Column

メンタルに波があるのは当たり前

昨日は気分がよくて、仕事もはかどったし、家族にもやさしくできたのに、今日はなんだかイライラして、ついよけいなことを言ってしまった……。

いつも笑顔で過ごせたら理想的ですが、現実はそう簡単ではありません。体調、ホルモンバランス、作業量、まわりの状況など、いろいろな影響を受けて、気分はつねに上下します。気分が落ち込むのは悪いことととらえがちですが、感情の波があるのは人間として自然なことです。だから、イライラしたり落ち込んだりする自分を責めなくても大丈夫です。

「もし、つらい感情を感じなくなるかわりに、だれかを気づかったり、喜んだりする感覚も失うとしたら、どうしますか？」私はカウンセリングでこんな質問をすることがあります。

多くの人は、つらい感情もあるけれど、そのぶん、喜びや人とのつながりも感じられるほうがいいと答えます。

つらい感情があるからこそ、幸せをより深く感じることができる。それが人間らしさなのです。

Chapter
5

こころの専門家が答える お悩み相談室

カウンセリングでよく聞く悩み

ここからは、「こころの専門家が答えるお悩み相談室」として、10の悩みに回答していきます。体力の低下への不安、パートナーや親との関係の悩み、仕事とプライベートの両立、過去への後悔など、どれもカウンセリングでよく相談されることが多い内容です。

長い人生、いろいろなことが起こります。初めての経験にとまどったり、これまでの経験や選択を振り返ってこころが揺れたり、まわりの環境の変化に疲れたり。そんな積み重ねの中で、ティーカップの水が少しずつたまっていき、気づけばあふれて、こころがずしんと重く感じることがあると思います。

でも、それはあなただけではないのです。同じように感じ、悩んでいる人がたくさんいます。大切なのは、こころを少しでも軽くして、穏やかに保つ方法を見つけることです。

回答では、こころの疲れや悩みに寄り添いながら、こころをラクにするための考え方やエクササイズを提案しています。エクササイズは2章〜4章で紹介したものの中から、ティーカップの水があふれそうなとき、半分のとき、少ないとき、それぞれのおすすめを載せています。

こころの状態は、人によっても日によってもちがうものです。少し余裕があるときもあれば、もう限界だと感じることもあるでしょう。どのエクササイズが最も効果的なのかは、あなたの今のティーカップの容量によって変わるのです。紹介しているものを参考に、こころに余裕があるときにはしっかりめのケアを、限界に近いときには軽めのケアを取り入れてくださいね。

自分の悩みに近い相談があれば、カウンセリングを受けているような気持ちで読み、こころをケアするきっかけにしてください。また、一見自分とは関係ないと思える相談の中にも、あなたの悩みを解決するヒントがあるかもしれません。この章で紹介する相談と回答が、少しでもあなたのこころを軽くするお手伝いになれば幸いです。

相談1

体力も気力もなくなっていっていると感じています…

年齢を重ねるとどうしても、若いころに比べて体力や気力が落ちたと感じる場面が増えてきますよね。体調を崩すことが増えたり、よく眠れなくなったり、腰やひざに痛みが出たり……。集中力が続かない、やる気が出ない、なんてこともよくあります。体重の増加や、しわやたるみのような外見の変化も気になるところです。

過去の自分とつい比べてしまい、落ち込むこともあるでしょう。このままで大丈夫かな……と、不安やイライラが募るのも無理はありません。

大前提として、気になる痛みや不調がある場合には、病気が原因ではないか、まず病院できちんと診てもらいましょう。そのうえでできることは、不安な気持ち、心配な気持ちをそのまま受け入れてみることです。

こころとからだはつながっています。からだの変化がこころに影響をおよぼし、不安になったり、落ち込んだりするのは自然なことです。感情の揺れ動きは、からだの変化を知らせ、自分を守ろうとするサインでもあります。

ですから、その気持ちをそのまま受け止め、「今はからだが変化していて、不安なんだな」とやさしい気持ちで理解してあげることが大切です。

こころのティーカップにまだ余裕があるようなら、こころやからだのケアに加えて、自分が大切にしたいこと・ものを再確認して、今の自分にあった実現の仕方を考えるとよいですね。無理はせず、自分をいたわることを忘れずに過ごしていきましょう。

こころのティーカップ容量別 おすすめExercise

水があふれそう >>> Exercise 5

水が半分のとき >>> Exercise 19

水が少ないとき >>> Exercise 29

相談2

仕事にやりがいを感じられなくなってきました…

「これまでと同じ仕事をしているのに、ふとやりがいを感じられない」

「これからの自分のキャリアや将来が不安」

こんなお悩みをよく聞きます。

仕事のやりがいやキャリアで悩んでいるあなたは、これまで仕事を通して多くの成長を遂げてきたのではないでしょうか。だからこそ、これまでのように成長を感じられず、つい自分を責めてしまうのかもしれません。

ここで「私はダメだ」と考えてしまうと、さらに自分を傷つけてしまいます。どうか、これまでがんばって働いてきた自分を、やさしいイメージで包んであげてください。

「キャリア」や「将来」は漠然としているからこそ、不安を感じやすいものです。

こころのティーカップ容量別

おすすめ Exercise

水があふれそう >>> Exercise 9

水が半分のとき >>> Exercise 16

水が少ないとき >>> Exercise 28

毎日耳にするニュースや、周囲からの情報によって、その不安がますます大きくなることもありますよね。不安があると「どうにか解決しなければ」と考えがちです。

しかし、漠然としていて戦いようのないものに対しては、まず「今は不安があるんだな」と自分自身に声をかけて認めてあげることが大切です。不安は必ずしも悪いものではなく、私たちが変化や成長に向かうための合図でもあります。

そのうえで、自分が本当に大切にしたいことに目を向け、今できる小さなことに一歩踏み出してみましょう。それが、結果的に少しずつ安心感を取り戻す一歩になるかもしれません。

相談3

「自分らしさ」がなんなのかわからず焦ります…

「自分らしさ」という言葉をよく耳にすると思いますが、そもそも「自分らしさ」とはなんでしょうか。

心理学において「自分らしさ」とは、個人がもつ独自の感覚や考え方、性格、行動の傾向などを指しています。つまり、「何を大切にし、どのような方向に向かうことが幸せなのか」ということです。「自分らしさ」とは、確固たる何かではなく、年齢や環境の変化によっても変わっていく柔軟なものであり、自分の内面から生まれるものなのです。

「自分らしさ」に対する焦りや不安は、他者と比較することで生じることがあります。他者と比べることで自己評価を行い、その結果、自己肯定感を下げたり、焦りにつながったりします。そのため、他人と比べるのではなく、まず自分の価値観や目標に目を向けることが大切だといわれています。

とはいえ、「他者と比べない」と頭ではわかっていても、ついつい比べてしまうこともあるでしょう。そんなときは、深呼吸やリラックスをすることから始めましょう。そして、八方ふさがりで何もできないと感じるときこそ、身のまわりの小さな「これをやってみよう」と思えることから行動するのがおすすめです。自分の呼吸を取り戻せたら、あなたが大切にしたいものについて考えましょう。

私たちは、一瞬一瞬、変化し続ける存在です。だからこそ、「自分らしさ」をひとつの固定されたものとしてとらえず、今この瞬間の自分の変化を、少し興味をもって観察してみてくださいね。

こころのティーカップ容量別

おすすめ Exercise

水があふれそう >>> Exercise 10

水が半分のとき >>> Exercise 11

水が少ないとき >>> Exercise 22

相談4

自分の価値がわからなくなってしまいました…

「自分の価値がわからなくなってしまう」のは、大きな変化をきっかけによく起こります。

心理学において、「自分の価値」はまわりとの関係に支えられていることが多いとされています。そのため、環境がガラッと変わると、それまで「自分はこんな人だ」という自己認識が揺らぎ、一時的に自分の存在意義を見失ってしまったり、何をすればいいのかわからなくなったりすることがあるのです。

この現象は、心理学で「役割喪失」や「アイデンティティの変容」という言葉で説明されることがあります。たとえば、長年果たしてきた役割（親、配偶者、職業など）が変わると、それまで自分を支えていた基盤が揺らぎ、自分は何者なのかがわからなくなるのです。

変化にともなってあらわれる孤独感や喪失感は、自然な感情です。まずはその寂しさや孤独感を「今はそう感じているんだな」とやさしく見守ってあげてほしいと思います。

寂しさなどの感情がやわらいできたら、「自分とはどんな存在か」を見つけ直してみましょう。あなたの外側にはとても広い空間が広がっています。

変化はつらいこともありますが、新しい自分を見つけるチャンスでもあります。焦らず、少しずつ向き合っていけば、新しい価値や役割が見えてくるかもしれません。まだ出会ったことのない自分に出会えると思うと少しワクワクしてきませんか。

こころのティーカップ容量別

おすすめ Exercise

水があふれそう >>> Exercise 6

水が半分のとき >>> Exercise 19

水が少ないとき >>> Exercise 24

相談5

パートナーとの関係を倦怠期と感じています…

長い間いっしょにいると、関係はだんだん変わってくるものです。孤独感や寂しさをもつのは、あなたが人とのつながりを大切にしてきたからこそ。それらの感情が自分に何を伝えようとしているのか、少し立ち止まって考えてみましょう。

「倦怠期」とひとことで言っても、さまざまなケースがあります。どんな場面で不満を感じているのか、自分の望みや必要なことに耳をすませてイメージしてみましょう。

たとえば、日常の会話が減っている場合は、自分がどんな会話をしたいのか、相手とのスキンシップが減った場合は、自分がどんなふうにふれ合いたいと感じているのか、など具体的にイメージしてみましょう。

どうしたいかが見えたら、たとえば、「パートナーとの関係を深めたい」という気持ちが見えてきたなら、日々の会話を少し増やしたり、相手に笑顔で接することを心がけたりなど、小さな行動から始めてみましょう。重要なのは、その行動を少しでも続けていくことです。うまくいかないと感じることもあるかもしれませんが、そのたびに立ち返って「自分にとって何が大切か」に基づいて行動を続けることが、パートナーシップを新たに育むカギとなるでしょう。

しかし、つらい感情が強すぎるときは、無理に考え続けるのではなく、一度そこから距離をおきましょう。とくに人間関係においては、つらい気持ちがふくらみやすいものです。そんなときは、自然の音を聴いたり、リラックスできる時間をつくったりして、少し落ち着いてから再度考えてみるとよいですね。

こころのティーカップ容量別 おすすめ Exercise

水があふれそう >>> Exercise 1

水が半分のとき >>> Exercise 18

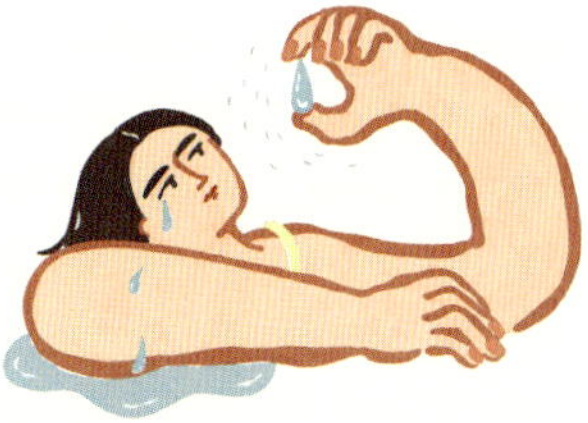

水が少ないとき >>> Exercise 30

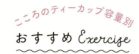

相談6

人との距離感が難しいです…

人との距離感を考えるときに大切なのは、「自分が安心できる距離感とはどんなものか」を見つけることです。

これを探るためには、だれといっしょにいるとリラックスできるのか、どれくらいの頻度で会うのが心地よいのか、どの深さまで話をするのが快適なのか、といった自分の感覚に目を向けましょう。日々のやりとりを振り返ると、自分にとってのちょうどいい距離感が少しずつ見えてきます。

相手との距離をうまくとりたいときに意識すべきは、境界線を引くこと。たとえば、「今日はこの範囲で会話を終わらせておく」と自分の中であらかじめ決めておいたり、「この話題に立ち入るのは避けよう」とこころのガイドラインをもっておくと、距離を保つことができます。

こころのティーカップ容量別

おすすめ Exercise

水があふれそう >>> Exercise 4

水が半分のとき >>> Exercise 14

水が少ないとき >>> Exercise 25

距離感に不安をかかえることはだれにでもあることです。無理に不安をなくすことよりも、その不安と付き合いながら、自分にとって大切な関係を築いていくことが、より実りある人間関係を育むカギとなります。不安を感じたとしても、その不安をかかえながらも自分のペースを大切にすることで、より心地よい人間関係を築くことができるはずです。

相手に合わせようとするあなたのやさしさは、きっと伝わっています。だからときには、自分の気持ちをやさしく受け止め、素直にしたがうことも必要です。

人との距離感に悩んだときは、相手にどう思われるかよりも、あなたが相手とどのような関係をつくっていきたいかに、ぜひ目を向けていきましょう。

相談7

仕事とプライベートの両立ができず自己嫌悪におちいってしまいます…

仕事に責任感をもって向き合っていると、家のことや自分のことをあとまわしにしてしまうこともありますよね。まるで大きな荷物を背負っているときのように、バランスをとるのが難しく感じられることでしょう。そんなときは、仕事からちょっとでも離れて、リラックスの時間を少しでももってほしいと思います。

「そんな贅沢はできない！」「ただでさえ時間がなくて困っているのに」と思うかもしれませんが、ほんの短い時間でいいのです。たとえば、デスクまわりを整理したり、お気に入りのグッズを置いたりするだけでも、気持ちは少しラクになります。また、休憩中に軽いストレッチを行うことや、自然にふれる場所を見つけてリフレッシュする時間をもつことも役立ちます。短時間でも、深呼吸やかだをほぐすことでリフレッシュでき、心身ともにリセットする効果があります。

「両立」という言葉にこだわりすぎると、すべてを完璧にこなそうとするあまり、かえってストレスを増やすことがあります。仕事も家庭も１００％完璧にこなすことは現実的ではなく、どちらかが一時的に優先されることもあるのがふつうです。仕事に集中する日があってもよいし、家族や自分のための時間を優先する日があってもよいのです。

完璧なバランスを目指すより、今に意識を向けながら、自分にとって必要なことを無理のない範囲で少しずつ整えていくことが、心身の健康を保つための一歩です。うまくバランスがとれない時期があっても当然です。無理をせず、自分を大切にしてくださいね。

こころのティーカップ容量別
おすすめ Exercise

水があふれそう >>> Exercise 7

水が半分のとき >>> Exercise 17

水が少ないとき >>> Exercise 26

相談8

この年になっても親の目を気にしてしまいます…

「いい子」でいなければならないというプレッシャーや、親の期待に応えようと自分を抑えてしまうのは、多くの人が経験することです。年齢を重ねるにつれて、親に対する責任感が増し、関係を重く感じられることもあるでしょう。

親に縛られる理由は人それぞれであり、解消しがたいこともありますが、子ども時代に培われた「親に認められたい」という思いが影響していることもあります。親は子を大切に思うがゆえに期待や評価をします。それが私たちの行動に影響を与えるのです。親に悪気があるわけではなく、愛情からくる場合も多いので、関係をさらに複雑に感じることもあるでしょう。

とはいえ、親にどう思われるかばかりを気にして不安になっていると、自分らしさを見失ってしまいますよね。そうした思考や感情に振りまわされるのではなく、自分がどう生きたいかに少しだけ目を向けてみることも大切です。

もし可能であれば、自分がどう生きたいのか、どう考えているのかを親に伝えてみるのもよいでしょう。親はあなたの幸せを願っていることが多く、誠実に自分の気持ちを伝えることで、よりよい関係を築けることもあります。しかし、どうしても思いやりがなく、わかり合えない親もいるでしょう。その場合は、自分を守るために親と必要な境界線を引きながら、自分の進む道をしっかりと感じつつ、日々必要なことに向かって歩んでいくことも大切です。

親を大切にする気持ちはすばらしいですが、同時にあなた自身の人生を大切にし、自由で幸せに生きることを忘れないでくださいね。

こころのティーカップ容量別
おすすめ Exercise

水があふれそう >>> Exercise 2

水が半分のとき >>> Exercise 20

水が少ないとき >>> Exercise 23

相談9

「もっとできたはず」と思ってしまい達成感をあまり得られません…

「もっとできたはず」と考えるあなたは、つねにステップアップを目指すがんばりやさんですね。理想をかかげて努力をする姿勢を尊敬します。

高い自己基準をもつのはすばらしいことですが、「いつも完璧でありたい」という気持ちは、こころに強い負担をかけてしまうこともあります。

達成感を得やすい人とそうでない人の差は、「自己評価の基準」の違いです。達成感を得やすい人は、結果だけでなく、プロセスや小さな進歩をも評価することができます。一方、達成感を得にくい人は、過小評価したりすることが多く、「もっとできたはず」という思いにとらわれてしまうことがあります。

達成感を得ることは、こころのバランスにおいて非常に大切です。自己肯定感が高まり、次の挑戦に向かうエネルギーが生まれます。また、日常生活や仕事に

こころのティーカップ容量別

おすすめ Exercise

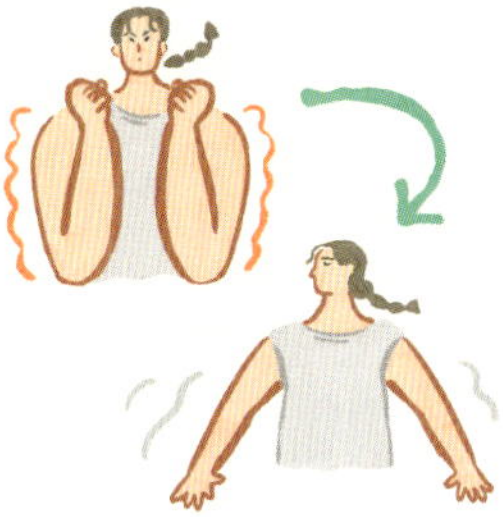

水があふれそう >>> Exercise 8

水が半分のとき >>> Exercise 12

水が少ないとき >>> Exercise 21

おけるやる気や満足感の源泉にもなるのです。

達成感よりも、悔しさや疲れを大きく感じるときは、リラックスしたうえで一日の終わりに、その日にあったよかったことを少しだけ振り返ってみるとよいかもしれません。それでも、「もっとできたはず」と感じてしまうときは、その厳しい思考に名前をつけてみましょう。たとえば、「厳しいお姉さん」と名づけてみて、「また厳しいお姉さんが出てきたな」と、少しユーモラスに観察しながらその思考と上手に付き合えれば少しラクになるはずです。

完璧を求めすぎず、日々の小さな成功を認めてあげましょう。今できていることをしっかりと見つめることで、こころとからだのバランスが整いますよ。

相談10

「もしもあのときこうしていれば」と考えてしまうことがあります…

人生は選択の連続です。「あのとき、別の道を選んでいれば……」と悔やんだり、今さらやり直せない現実に直面して「どうして失敗してしまったんだろう」とがっかりすることもあります。

「家族や仕事、他人の目を気にして自分のことはあとまわしにしてしまった。もっと自分を大事にするべきだった」という後悔をかかえる人も、めずらしくありません。このように、「もしもあのときこうしていれば」と過去を何度も振り返ることは、「過去について反すうする」という状態で、よくあることです。この状態におちいると、過去ばかりに目が向き、現実の「今」に意識を向けることが難しくなり、結果としてこころの負担が増してしまいます。

もっとちがう道があったのかもしれないと、過去にばかり目が向くときは、

「今」に意識を集中させるのが効果的です。呼吸の感覚に意識を向けたり、自分をやさしく包み込むように、胸に手を当ててみましょう。こころのざわつきが少しやわらぐはずです。

過去のできごとに対して、悲観的にとらえるのではなく、視点を変えて見直してみるのも、こころを軽くするのによい方法です。

過去のあなたも、精いっぱいそのときを生き、努力していたはずです。そのことを認め、「よくがんばってきたね」と自分にやさしい言葉をかけてあげてください。少しずつでも、自分をやさしく受け入れ、過去の選択をかかえながらも「今」を大切にできるようになるはずです。

こころのティーカップ容量別

おすすめ Exercise

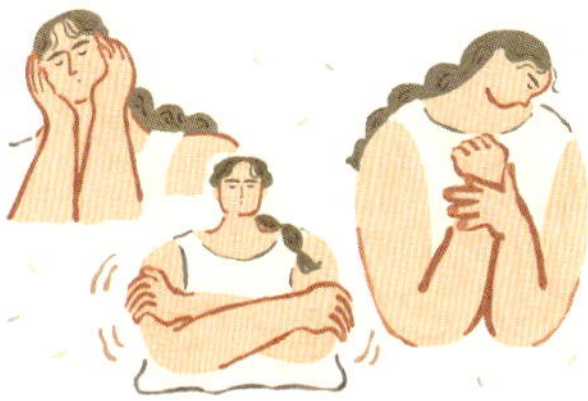

水があふれそう >>> Exercise 3

水が半分のとき >>> Exercise 15

水が少ないとき >>> Exercise 27

おわりに

最後までこの本を読んでいただき、ありがとうございます。この本を通して、「自分のこころを大切にする時間」をつくり、「ストレスに対処しながら自分らしく生きていく方法」を見つけていただけたなら、とてもうれしく思います。

ストレスは、ティーカップに水が静かにたまっていくかのように、気づかないうちに積み重なっていくものです。仕事や家庭、健康など多くのものに追われる忙しい日々の中で、こころのケアをあとまわしにするうち、あふれるほどストレスがたまってしまうことも少なくありません。

本書で紹介したエクササイズは、特別なときだけに行うものではなく、生活の中に少しずつ取り入れられるものです。ご自身のペースで続けていただければ、少しずつこころに余裕が生まれていくのを実感できるでしょう。こころの余裕は、豊かで穏やかな生活を送るための大切な力となります。

もちろん、エクササイズを行えないことを責めたり、完璧を目指したりする必要はありません。こころがあまりに疲れているときは、「無理をしなくてもいいよ」と自分にやさしく声をかけてみるのも忘れないでくださいね。疲れを感じたときこそ、「今まで充分がんばってきたんだ」と自分を認め、いたわってほしいと思います。

エクササイズについてもっとくわしく知りたい、こころのケアと向き合いたい、あるいは自分の人生をあらためて見直したいと思う瞬間が訪れるかもしれません。そんなときには、専門家に頼ってみるのもひとつの方法です。カウンセリングやサポートを受けることは、自分自身を大切にするための有効な手段です。

この本が、あなたのこころに少しでも安らぎをもたらし、毎日をより軽やかに過ごすきっかけとなれたなら、私にとってこれ以上うれしいことはありません。どうかこれからも、自分のこころとからだを大切にし、穏やかで充実した日々をお過ごしください。そしてなにより、だれもが自分らしい人生を送れることを、こころから願い、応援しています。

専門機関やサービスのご紹介

精神科

ストレスが引き起こす精神的な問題に関する診断や治療を行う専門医がいます。治療方法は薬物療法だけでなく、カウンセリング、認知行動療法など、機関や医師によって異なりますが、あなたの今の状態をうかがって、整理し、専門家が適切な治療法を選択することで、ストレスにまつわる症状や問題の軽減や解決を目指します。

心療内科

精神科と同じくカウンセリングや心理療法を通して、ストレスに対する認知や対処方法の改善を支援し、必要に応じて薬物療法も行うことがあります。精神科とのおもな違いは、ストレスによる身体症状や不眠などの症状など、ストレスによって引き起こされる身体的な症状や疾患に関する診断や治療を行う専門医がいることです。

産業医

従業員の健康管理や労働条件の改善など、職場における健康管理全般にかかわる医師のことです。従業員のストレスに対しても適切なアドバイスやカウンセリングを行い、必要に応じて医療機関への紹介を行うこともあります。また、ストレスが原因で働けなくなった場合には、適切な休業や復職の支援を行うこともあります。もし、相談することに不安がある場合には、相談内容や相談したという事実がどのように守られるのかを聞いてみてもよいでしょう。

カウンセリングルーム

おもにこころの専門家である、公認心理師や臨床心理士がストレスに関する心理的な問題に対してカウンセリングやセラピーを提供する場所です。診断や治療は行いませんが、専門家としてあなたの気持ちをしっかりと受け止め、必要に応じて心理的支援や問題解決のサポートを行います。

無料相談窓口

自治体や民間団体が設ける無料相談窓口もあります。こちらでもカウンセリングや相談員による支援を受けることができます。代表的な機関として、各都道府県に設置されている精神保健福祉センターや保健所、電話相談窓口があります。24時間対応の場所も多く、悩みに応じた支援を受けられます。

これらの場所では、専門家による適切な相談や治療を受けることができます。自分に合った場所を選び、相談することで、ストレスを上手にマネジメントできることもあります。ひとりで悩まず、このような専門家を頼るのもとても大切です。

【文献引用】
・川上憲人（研究代表者）. 厚生労働省厚生労働科学研究費補助金労働安全衛生総合研究事業「労働者のメンタルヘルス不調の第一次予防の浸透手法に関する調査研究」平成23年度総括・分担研究報告書, 2012.
・下光輝一他. 職業性ストレス簡易調査票の信頼性の検討と基準値の設定, 労働省平成 11 年度「作業関連疾患の予防に関する研究」労働の場におけるストレス及びその健康影響に関する研究報告書, 126-138, 2000.

著者

藤本志乃　ふじもと しの

公認心理師、臨床心理士。早稲田大学人間科学部健康福祉学科、早稲田大学大学院人間科学研究科卒業後、荒川区教育センター心理専門相談員と東京大学医学部附属病院腎臓・内分泌内科心理士を兼任。その後、日本赤十字社医療センター腎臓内科心理判定士を経て、2020年にオンラインで心について学べるサービス（オンラインカウンセリングを含む）を提供するLe:self（リセルフ）を創業。カウンセリング歴は15年で、グループアプローチを含めこれまでに約5000人を診た経験がある。その他、企業でのメンタルヘルス研修など予防的な心のケアに関する講演、コンテンツ作成などにも多く携わっている。

あふれる「しんどい」をうけとめる こころのティーカップの取り扱い方

著　者　藤本志乃
発行者　清水美成
発行所　**株式会社 高橋書店**
〒170-6014 東京都豊島区東池袋3-1-1 サンシャイン60 14階
電話　03-5957-7103

ISBN978-4-471-03269-2　

本書の内容についてのご質問は「書名、質問事項（ページ、内容）、お客様のご連絡先」を明記のうえ、郵送、FAX、ホームページお問い合わせフォームから小社へお送りください。

回答にはお時間をいただく場合がございます。また、電話によるお問い合わせ、本書の内容を超えたご質問にはお答えできませんので、ご了承ください。本書に関する正誤等の情報は、小社ホームページもご参照ください。

【内容についての問い合わせ先】
書　面　〒170-6014 東京都豊島区東池袋3-1-1 サンシャイン60 14階　高橋書店編集部
ＦＡＸ　03-5957-7079
メール　小社ホームページお問い合わせフォームから　(https://www.takahashishoten.co.jp/)

【不良品についての問い合わせ先】

ページの順序間違い・抜けなど物理的欠陥がございましたら、電話03-5957-7076へお問い合わせください。

ただし、古書店等で購入・入手された商品の交換には一切応じられません。